Jean-François Zobrist

LA BELLE HISTOIRE DE FAVI :

comment un petit Patron naïf et paresseux
innove

Tome 3

http://www.favi.com

Comme d'habitude, sans faire exprès, le petit Patron
fit en sorte que les choses se fassent toutes seules.

HUMANISME & ORGANISATIONS
EDITIONS, PARIS

Humanisme et Organisations
Martine Morel
3 rue Jules Rein
78600 Le Mensil le Roi
Tél +33 (0)6 09 91 82 06
martinemorel@martinemorel.com

Laure Introvigne
Couverture « La Favi, vue par Laure Introvigne »
Illustrations
laure.introvigne@strategie-avenir.fr

Deuxième édition novembre 2018
Mise en page : Sabine Beauvallet

1ère édition : Stratégie & Avenir
4, Rue Joffre 57100 Thionville
Tél : + 33 (0)3 82 88 26 00
clubs@strategie-avenir.fr

Dépôt légal Septembre 2018
ISBN 978-2-917587-03-4

H + O

Humanisme & Organisations

Le pouvoir d'innover ensemble

http://humanisme-et-organisations.fr

« Ce n'est pas en essayant d'améliorer la bougie qu'on a inventé l'électricité. »

Henri AUDIER.

« Ce que la chenille appelle fin du monde, nous l'appelons papillon. »

Koan BOUDDHIQUE.

Jean-François Zobrist, c'est du style direct !

L'entreprise FAVI - ronde - aligne plus de 25 ans de réussite, dans un monde hyperconcurrentiel.

Comprendre comment ça marche, grapiller quelques bonnes idées, bénéficier d'expériences opérationnelles et d'outils simples : c'est le but essentiel de ce petit livret que nous avons voulu centrer sur l'innovation.

Nous dédions ce recueil à Jean-Christian Fauvet, décédé le 24 juin 2010, à l'âge de 82 ans. Homme passionné et passionnant - qui a voué toute sa vie , avec une grande ferveur, à défendre la dimension humaine dans les projets économiques.

Nous avons perdu un père fondateur de la sociodynamique et un homme attachant et profondément humain, mais il nous laisse des préceptes qu'il nous appartient de faire vivre.

FAVI est le symbole vivant de cette pensée...

Sommaire

Introduction

Comment le petit Patron très paresseux, mais pas toujours si naïf que cela, découvrit "en allant" que :

– Ce ne sont pas les patrons qui paient les ouvriers, mais les **ouvriers qui paient les patrons !**

Ils ne les paient pas pour gérer **le présent**, car ils savent très bien le faire seuls, ils les paient, grassement, pour garantir **leur avenir** et celui de leurs enfants, **ici en France**.

– Chaque fois qu'il se génère un problème dans une entreprise, c'est toujours de **la faute du chef**, et de lui seul :

La valeur ajoutée et le cash-flow ne sont générés que par les productifs directs : les ouvrières et les ouvriers.

Le rôle de la structure est de générer du chiffre d'affaire.

Un bon ouvrier est quelqu'un qui prend des décisions en temps réel.

La structure étant payée pour prendre des décisions, interdit à l'ouvrier de prendre des décisions.

Il faut donc sortir toute structure de la fabrication pour la mettre sur les routes, ou en R&D pour générer du chiffre d'affaire.

– Il faut toujours penser **« à côté »**.

– La **confiance** rapporte plus que **le contrôle**.

– Considérer que « L'homme est bon » n'est pas une approche **humaniste**, c'est simplement une approche **économique**.

– Il faut **supprimer** tous les services : méthode, du personnel, planning, lancement, achat...

Il y a quatre types d'innovations :

- *Sur un plan individuel* : comment **laisser des chances au hasard**, pour moi, pour l'autre ?
- *Le managérial* : comment organiser ses troupes ? (fait du chef seul)
- *Les produits et services* : quelles armes nouvelles doit-on inventer ? (mettre les B.E. en équipe)
- *Les process* : comment fabriquer ces armes ? (fait des ouvriers seuls)

– Le **diable** est dans **les cloisons** !

– Il n'y pas de **performance** sans **bonheur** !

– Pour être **heureux** il faut être responsable, donc **autonome** !

– **UN point** de performance en plus au niveau de l'ouvrier, représente **CINQ points** de cash flow !

– Il faut dans toute collectivité 5 éléments **de cohérence** :

- Le rêve partagé
- L'objectif commun

Deux valeurs d'encadrement :

– Une unité de mesure commune

– Le partage à égalité des résultats du progrès

– **Il ne faut laisser personne au bord du chemin du changement.**
– Il convient d'exploiter les grandes connaissances techniques des chefs de services, plutôt que de les cantonner dans **du contrôle.**
– Il faut encourager la mise en place d'**ACTIONS**.

Quelques OUTILS de découverte de percées :

1) Le CEDAC
2) TRIZ
3) Le penser « à côté » du Pr Shiba
4) Le WV du Pr Shiba
5) La CEM du Pr Shiba (Beau Manoir)
6) La matrice du fermer-ouvrir du Pr Shiba
7) Saint Benoît et la tomate cerise
8) Le petit caillou dans la chaussure
9) L'appel à l'intelligence collective
10) CAUTIC

Innovons ! Innovons !

Différence entre RECHERCHER, AMÉLIORER et INNOVER

RECHERCHER = chercher à nouveau
Enfermé dans la bonne bibliothèque, entourés des ouvrages qui vont bien, un chercheur peut, en **RE**prenant l'étude du fromage de chèvre, **RE**trouver comment on le fabriquait sous Alexandre le Grand !
La recherche ne crée ni produits ni emplois, elle augmente la connaissance, mais n'aboutit généralement à aucune action.

Certes, lorsque la « Percée » nouvelle à été trouvée, l'innovation s'appuie souvent sur les résultats de la recherche, mais le fait générateur de la création de richesses par l'homme et pour l'homme est l'innovation.

AMÉLIORER = Partant d'un existant, faire preuve d'imagination

INNOVER = in**NOVARE** de « novus » nouveau = **partant de rien** il faut percevoir, ou chercher un ou **des signaux faibles** générateurs d'une intuition d'action.
Pour innover il faut :
1) Laisser des chances au hasard
2) Percevoir ou chercher des signaux faibles
3) Respecter l'intuition engendrée par le ou les signaux faibles
4) Passer de l'intuition à l'action sans passer par la réflexion

1) Laisser des chances au hasard :
On ne laisse aucune chance au hasard enfermé dans son bureau, dans son labo ou sa bibliothèque.

« Seuls ceux qui sortent s'en sortent »

Newton était dehors quand il prit une pomme sur la tête
Darwin, minéralogiste et non biologiste, a fait deux fois le tour du monde avant d'avoir son intuition révolutionnaire pour l'époque : « *Dieu n'a pas fait l'homme à son image* », ou alors...Dieu est une Paramécie !

2) Percevoir ou chercher des signaux faibles :
Rentrer dans le bocal de l'autre, y faire un 360 °, aller sur son territoire, car à l'aise, il y émettra plus facilement des signaux faibles.
Bannir le reporting écrit et les réunions formelles, programmées, car dans les deux cas, chacun mesure ses propos et n'émet aucun signal faible.
La somme de ces signaux stockés dans notre boîte noire intime, induira alors une intuition.

Parfois, tel le paysan qui, quand les blés étaient mûrs, cherchait des signaux faibles : vol des hirondelles, direction et force du vent, ou tel notre ancêtre chasseur qui cherchait des empreintes de pattes, des touffes de poils accrochées aux branches, il faut aller au devant, chercher ces signaux faibles, en sortant de son bureau, de son poste de travail, de son usine, de son pays.

3) Respecter l'intuition engendrée par le ou les signaux faibles :
Cela ne fait pas sérieux de respecter son intuition !
Abandonnons la GESTION du CERTAIN par les CHIFFRES et pour les CHIFFRES et revenons au MANAGEMENT de L'INCERTAIN PAR les HOMMES et POUR les HOMMES.
Ce fut la règle de l'animal évolué que nous sommes depuis l'aube des temps, et nous sommes programmés, formatés pour ce faire :
Pendant quelques millions d'années nous avons chassé.
Qui y a-t-il de plus incertain que la chasse ?
On ne sait ni si on va trouver une proie, ni de quelle sorte, et en fonction des signaux faibles recueillis, l'intuition dictait soit de se sauver, soit d'attaquer. Dans les deux cas, Dame nature nous faisait libérer une poussée d'adrénaline énergétique : preuve que nous sommes toujours formatés pour manager l'incertain, et que face à une menace fiscale, par exemple, on a encore la poussée d'adrénaline alors que l'on ne va ni fuir, ni attaquer physiquement le contrôleur !

Pourquoi a-t-on dérapé et que la **gestion**, science des **chiffres**, s'est imposée en quelques années au dépens du **management**, science séculaire des **hommes** ?

Après quelques millions d'années de chasse et cueillette, l'homme, jusque dans les années 50, vivait dans un monde agraire basé sur *__le management de l'incertain__* !

L'homme vivait avec deux incertitudes majeures :
– La météo,
– La prochaine guerre.
La météo : tout se jouait sur *l'intuition*. En fonction de différents signaux faibles stockés dans sa boîte noire, le paysan décidait un matin **« il faut moissonner »**, risquant ainsi le résultat du labeur d'une année.

La guerre : de tous temps chaque génération a connu une, voire deux guerres (1870 - 1914 - 1940 pour ne prendre que des exemples récents). Fait unique dans l'histoire de l'humanité, la génération née juste après 1945, qui avait été programmée pour faire la troisième guerre mondiale vers 1975/1980, et qui était préparée à cela, ne l'a pas faite.
Le Danemark et la Suisse ont encore des abris souterrains pour protéger toute leur population, tous les métros des pays de l'Est sont équipés de portes blindées résistant au souffle et radiation nucléaires, la plupart des familles américaines avait leur abris individuel, tant il était évident que cette guerre allait avoir lieu.
Or cette génération n'a pas fait de guerre, ni laissé de menace de guerre à ces héritiers, sans doute pour la première fois dans l'histoire de l'humanité !

Elle ne l'a pas fait faute de combattants, car pour faire la guerre il faut être au moins deux ! En effet grâce à la télé et autre médias, le peuple communiste savait bien qu'on n'était pas aussi malheureux à l'ouest que leurs dirigeants voulaient leur faire croire, et plutôt que de nous envahir, ils ont préféré ne pas casser notre modèle qui marchait mieux que le leur, pour s'en inspirer.

L'énergie ainsi libérée a été mise à profit pour inventer TOUS les biens manufacturés DOMESTIQUES qui nous entourent. Telle est l'origine des Trente Glorieuses.

Quand l'Occident a inventé le Frigidaire, la machine à laver et le téléviseur, il a gagné beaucoup d'argent, ce qui a permis le développement sournois de sorciers devins, parasites sortis d'écoles de sorciers devins (HEC et autres SUP de CO) qui, sachant que le monde solvable achèterait ces biens nouveaux, ont prétendu prévoir et gérer un futur certain.

Ainsi ils nous ont fait croire que l'on pouvait passer de L'INCERTAIN au CERTAIN.

On a ainsi abandonné **le management de l'incertain** au profit de **la gestion du certain**.

Management = science des hommes (du Français ménager, et de l'Italien manipuler)
Gestion = science des chiffres (généralement faux).

D'où le règne des devins qui, par les chiffres (business plan à 10 ans, plans quinquennaux...), prétendaient prévoir l'avenir.

Quand le monde entier solvable a été équipé en réfrigérateurs, machines à laver, téléviseurs, et que les chiffres d'affaires et profits ont baissé, le chiffre était devenu roi au dépens de l'homme.

Et par respect pour les prévisions de rendement des fameux 15 % chers aux fonds de pension, les sorciers devins nous ont incités, pour maintenir les profits, à donner notre magnifique savoir durement acquis aux pays à faible coût de main d'œuvre, perdant ainsi, et nos propres marchés de renouvellement, et les marchés d'équipement de ces pays devenus, grâce à notre savoir, solvables !

Et comme malgré tout, l'Occident continuait à s'enfoncer dans une récession, ces mêmes sorciers devins nous ont dit : « *Regardez les chiffres, les prévisions, cela va revenir ! En attendant, empruntons !* ».

Ainsi après les Trente Glorieuses, ce fut la lente décadence des Trente Calamiteuses dont le terme est proche, car ce que nous vivons n'est pas une crise mais la fin d'un cycle !

Il faut donc impérativement abandonner la gestion du certain pour revenir au management de l'incertain en RESPECTANT à nouveau nos INTUITIONS.

4) Passer de l'intuition à l'action sans passer par la réflexion :

La réflexion tétanise l'action, car elle pousse généralement à n'imaginer que les conséquences négatives de l'action potentielle.

Quand, suite à un signal faible, le petit Patron a supprimé le pointage, les horloges et autres sonneries, il ne pouvait imaginer que seule la suppression de la référence au temps permettrait à chacun de ne plus travailler pour un temps de travail, mais pour un client !

Quand, suite à un autre signal faible, il a supprimé les contrôleurs et autres régleurs, comme les primes et autres objectifs, il ne pouvait imaginer que le nombre de pièces bonnes produites à l'heure payée augmenterait de 20%.

L'intuition engendre l'action, et la réflexion se nourrit de l'action, elle ne la précède pas.

Ce sont les principes de :
– METACTION chère au regretté Jean-Christian Fauvet
– De FAIRE EN ALLANT cher aux Picards.

– Pourquoi innover ?
– Les quatre types d'innovation
– Quelques outils

Pourquoi innover ?

En la matière, comme en toute autre, le **pourquoi** importe plus que le **comment** : pourquoi on se marie est tout de même plus important que comment on se marie !
Pendant ses tours d'usine, le petit Patron se rendit compte très rapidement que ce n'était pas lui qui payait les ouvriers, mais que *c'étaient les ouvrières et les ouvriers qui le payaient*, et très cher. Il s'en rendit compte parce que lui, qui était un manuel, qui bricolait de vieilles motos, qui se construisait des engins volants, parfois observait une ouvrière sur un poste de travail donné durant toute une semaine ; il l'observait discrètement et cherchait à bien mémoriser ses gestes, et le week-end, quand l'usine était vide, il venait, toujours aussi discrètement, tenter de faire la même chose... Et jamais, jamais il n'y était arrivé !
De plus, un jour, un vieil ouvrier lui dit gentiment une évidence :
« Vous savez, ce n'est pas le bon patron qui fait la belle usine !
C'est le bon ouvrier qui fait la belle usine !
Le boulot du patron ? Faire de bons ouvriers ! »
D'où il en conclut que : *ce n'étaient pas les patrons qui payaient les ouvriers, mais les ouvriers qui payaient les patrons !*

Pourquoi ? Certes pas pour gérer le présent, puisqu'il était incapable de faire ce que faisaient les ouvriers au quotidien ; donc c'était pour leur **garantir un avenir**, pour eux, pour leurs enfants, **ICI, en Picardie, à HALLENCOURT**, et non pas en Chine, en Pologne ou ailleurs !

Le poids de cette responsabilité, il le ressentait chaque année au moment de la fête de Noël quand, selon le rituel, du haut de la scène de la salle commune, il ouvrait la manifestation en présentant brièvement ses vœux, précédant les clowns, les chiens savants et autres jongleurs.
Des centaines de regards le fixaient alors, confiants. Confiants dans le fait qu'ils assuraient son quotidien, et qu'en contrepartie il se devait d'assurer leur demain !

Il apprit aussi autre chose pendant ses tours d'usine : c'est que chaque fois qu'il y avait un problème en fabrication, quel qu'il soit : rupture de flux, qualité, défaut de personnel... *C'était de sa faute !*

Soit il n'avait pas compris ce qu'on lui avait dit, soit il n'avait pas écouté, soit il n'avait pas entendu...

Toujours de sa faute !

Comme il ne pouvait pas passer son temps à battre sa coulpe, et qu'il ne pouvait en aucun cas accuser quelqu'un d'autre que lui, il prit lâchement l'habitude de dire :

« Si on travaille comme ça, on ne va pas pouvoir continuer à travailler à Hallencourt ! »

Cette expression, qui était parfois précédée de :

« Merde si... » ou bien de : « Les mecs si... », passa dans les us !

Les leaders et les opérateurs l'adoptèrent, mais ce n'était encore qu'une expression collective, il manquait, comme le lui apprit plus tard le Pr. SHIBA, **un fait fort, irréversible !**

Ce fait arriva, tout seul, avec la faillite d'un concurrent anglais : la société SINGER. Cette société spécialisée uniquement dans la fabrication de compteurs d'eau, fit concurrence à la fonderie picarde pendant vingt ans, avec une qualité bien inférieure mais des prix aussi bien inférieurs.

Ce qui poussait bien évidemment les clients à demander la qualité picarde au prix anglais !

Et ce qui devait arriver arriva, Singer déposa le bilan.

A l'instinct, comme ça, sans réfléchir, le petit Patron acheta l'entreprise anglaise, la ferma, fit 200 chômeurs outre-manche, rapatria les moules et les machines à Hallencourt, en faisant mettre sur chaque machine un petit drapeau anglais sous plexiglas, car le message qu'il voulait passer était :

« Un bon concurrent est un concurrent mort ! Voilà ce que pensait de nous ce concurrent ! Prenons garde que ce qui lui est arrivé ne nous arrive pas un jour ! »

Et le message perçu fut : *« Il a décidé qu'on resterait à Hallencourt ! »*,

car ce qu'il n'avait pas su, était que pendant les courtes négociations avec le British, le bruit avait couru qu'il voulait garder l'usine anglaise et y transférer toute les fabrications de compteurs !

Il était vrai que le petit Patron était moins présent dans l'usine du fait de ses déplacements outre-manche, mais curieusement, personne ne lui avait fait part de cette crainte. Omerta picarde, sans doute !

Lui-même ne prit conscience de ce fait que quand le grand Max, propriétaire de l'entreprise, lui demanda :

– « Pourquoi n'as-tu pas gardé les deux usines en les spécialisant ? »

A l'instinct, sans réfléchir, le petit Patron répondit :

– **« Parce que ce n'est pas NOTRE RÊVE PARTAGÉ ! »**

C'est ainsi que lui-même réalisa qu'au cours du temps, à force de dire « Si on continue à travailler comme ça, on ne va pas pouvoir rester à Hallencourt ! » Rester à Hallencourt était devenu un *rêve partagé*, rêve concrétisé par le rachat et la fermeture de l'usine anglaise.

Ce rêve partagé devint une stratégie : des années plus tard, quand Renault tenta de le convaincre avec force, arguments chiffrés d'aller s'implanter en Roumanie, il leur répondit poliment que leurs chiffres étaient sans doute exacts, mais que ce n'était pas conforme à leur rêve commun, et qu'on ne transige pas avec les rêves (alors que les chiffres...).

Il leur dit aussi que comme ils voulaient rester dans leur village d'Hallencourt, ils étaient en train de développer des rotors d'un nouveau type, particulièrement adaptés à la traction électrique, et que Renault les préférerait peut-être un jour, autant comme fournisseur performant de moteurs de la voiture de demain que comme fournisseur exclusif de fourchettes de boîtes de vitesse (d'autant plus qu'il n'y aura plus de fourchettes, ni de boîtes de vitesses, sur ces véhicules...).

Et de fait, Renault développa ce type de moteur avec la fonderie des années plus tard !

En interne, ce **rêve partagé** convint à tous et à chacun.
A tout niveau de l'entreprise, ils comprirent que pour rester à Hallencourt, ils devraient en permanence changer de métier, cela d'autant plus que leur histoire était déjà faite de profondes mutations : de champion d'Europe du siphon de lavabo, ils étaient devenus les champions du compteur d'eau, puis dans un domaine culturellement totalement différent, les champions de la fourchetterie de boîte de vitesse, en fournissant près de 70 % du marché Européen.

Cette volonté de rester dans leur village leur imposait d'INNOVER en permanence.

Après les choses allèrent assez vite, en quelques mois, le petit Patron, d'ascendance suisse alémanique huguenote, donc cartésien (personne n'est parfait) estima qu'il fallait étayer ce rêve par quelque chose de plus concret : **UN OBJECTIF COMMUN !**
Et il fixa comme objectif, pour rester à Hallencourt de :

TOUJOURS FAIRE PLUS ET MIEUX POUR MOINS CHER POUR SON CLIENT.

Client interne tout d'abord, il prit l'habitude dans ses tours d'usine de demander :
– aux outilleurs : « Qu'avez-vous fait de plus et mieux pour moins cher pour les fondeurs ? »
– aux fondeurs : « Qu'avez-vous fait de plus et mieux pour moins cher pour les gars de l'usinage ? »
– aux commerciaux et aux leaders : « Qu'avez-vous de plus et moins cher pour Peugeot ? », etc....

Cet objectif commun, pour chacun comme pour tous : le commercial, l'ingénieur, l'ouvrier, abrogea tous les autres, tous ces objectifs bêtement individuels, source de tension
car souvent contradictoires : 3% gagnés aux achats, pénalisent la fabrication de 5% !

Ensuite il sentit le besoin de « **border** » la démarche de progrès continue ; chacun était
libre, sans contrôle, mais il fallait quand même un minimum de cohérence dans la démarche commune ! C'est pourquoi il fixa deux limites extrêmes :
– l'une logique : **L'AMOUR DE SON CLIENT,**
– l'autre résultant du fait qu'il avait compris de longue date que la **confiance rapportait
beaucoup plus que le contrôle** :
– **L'HOMME EST BON !**

– **La confiance rapporte plus que le contrôle !**
Cette évidence lui était apparue quand il vit un ouvrier attendre 5 minutes au guichet
du magasin, pour obtenir une paire de gants à 1 € alors qu'il œuvrait sur une machine
à 4 € la minute !
Il se dit qu'on ne volerait jamais mensuellement l'équivalent du salaire chargé des deux
magasiniers, et qu'il serait plus intelligent de mettre le magasin en libre-service et d'encourager les ouvriers à y prendre 5 paires de gants d'un coup, afin d'en avoir toujours
d'avance sur leur poste de travail !

De plus, pour limiter les tentations, il décida que le service entretien prêterait ponc-
tuellement à quiconque des matériels spécifiques : grosse perceuse à percutions,
tronçonneuse à béton... Et tout le monde pouvait acquérir des consommables au prix
d'acquisition par l'entreprise.
Enfin, régulièrement le C.E. procédait à des ventes de vieux matériels amortis donnés
par l'entreprise : tours, ordinateurs, imprimantes, chaises, bureaux ...
« **L'homme est bon** » n'est pas une approche humaniste, c'est simplement une **approche économique !**

Tout le monde était libre de faire *toujours plus et mieux pour moins cher*, du moment que
ces actions servent *l'amour d'un client*, interne ou externe, et que ces actions respectent
le fait que *l'homme est bon !*
Il modélisa ces deux valeurs sous la forme d'un chemin vertueux dont la finalité est la
pérennité symbolisée par **l'arbre** ; chemin sur lequel avancent des **bergers : les différents
clients**, suivis de **leur troupeau : leur mini-usine**, chemin bordé par leurs deux valeurs :
l'homme est bon et **l'amour du client.**

Et lui, le petit Patron, savait bien qu'il n'était pas le chef, puisque Jean-Christian Fauvet
lui avait appris que *le chef est celui qui a le ballon*, et que le ballon, ce sont toujours des
ouvriers qui l'ont, et non lui !

Lui était le chien de ce système ! Le chien qui, en bon chien, ne quitte pas les bergers des
yeux pour anticiper leurs désirs et pousser les troupeaux dans le bon sens, qui mordille

gentiment les mollets des brebis qui sortent du chemin, et qui dévore le mouton qui sort sciemment du chemin !

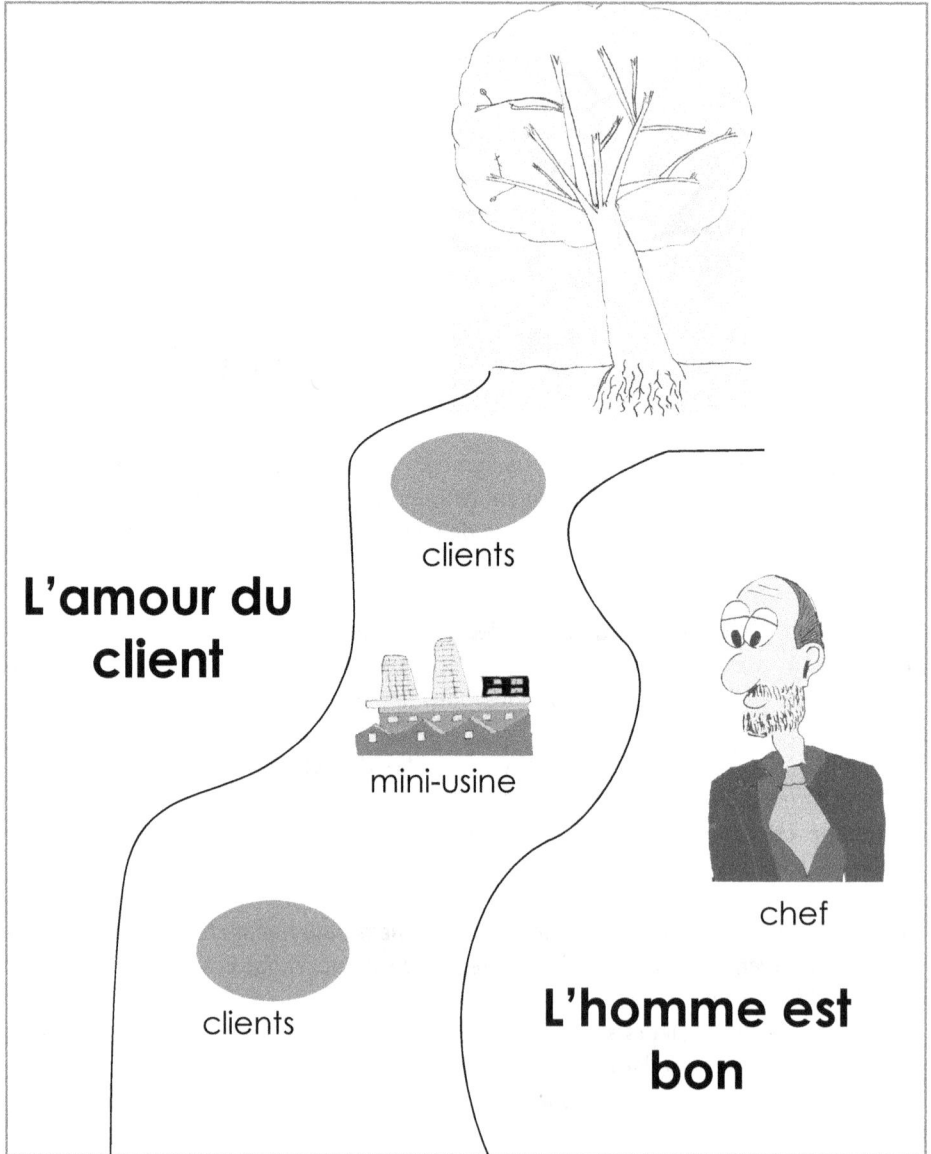

Plus tard, le petit Patron comprit que tout système humain a deux valeurs limites qui bordent la liberté individuelle de chacun : la liberté et le respect absolu de la propriété pour les Américains ; l'amour de son prochain et le désir de faire à autrui ce que l'on souhaiterait que l'on nous fasse pour les Judéo-chrétiens ; la fidélité physique, morale, ou intellectuelle, le respect et la tendresse dans le couple... d'où l'intérêt des deux valeurs limites qu'il proposa, puis porta au quotidien :

– **L'homme est bon**, donc suppression de tous les documents, procédures, et usages contraires à ce principe.

– Quoi que chacun fasse, il faut que cela **serve l'amour d'un client** interne ou externe, et là encore tous documents et procédures qui ne servaient pas un client furent supprimés. Sachant que celui qui ne respecte pas ces limites se voit exclu de la collectivité immédiatement, comme finissent par s'exclure du couple ceux ou celles qui ne respectent pas une des deux limites : fidélité ou respect.

La fonderie avait donc :

– Un Rêve

– Un Objectif cartésien

– Deux Valeurs de base pour limiter la démarche

Que manquait-il ?

A la réflexion deux choses : une unité de mesure commune, et un système de partage des résultats du progrès ! L'unité de mesure s'imposa d'elle-même, car le petit Patron, toujours pendant ses tours d'usine quotidiens, réalisa très vite que les **coûts étaient une abstraction** ; quand il disait : *« Ca serait bien qu'on baisse les coûts de 5% »*

Il parlait tout seul, alors que quand il disait :

« On est emm... par un concurrent allemand chez Volkswagen ; si on arrivait à gagner 15 pièces à l'heure, peut-être qu'on pourrait le virer ! »

Alors instantanément le dialogue s'instaurait : *« 15 pièces peut-être pas, mais.... »*

Et le lendemain :

« On a réfléchi, si on mettait un tapis entre ces deux machines, on pourrait gagner à l'aise 7 pièces à l'heure... »

Le nombre de pièces bonnes à l'heure payée

Telle fut l'unité de mesure commune du progrès.

Et peu importe le prix de la pièce et le prix de l'heure puisque, de toute façon, ils sont faux ! Quant au **PARTAGE** des fruits du progrès, le petit Patron qui était paresseux alla au plus simple : c'était la part de gâteau en plus, il était normal qu'elle soit partagée à égalité des présents, quelque soit leur ancienneté ou leur niveau hiérarchique : on prend 7% de la ligne GW[A] sur la liasse fiscale, document incontestable puisque certifié par les commissaires aux comptes et validé par l'assemblée générale des actionnaires. 7% que l'on se partage à stricte égalité du D.G. à l'ouvrier, prorata temporis bien sûr.

Le petit Patron, choqué par le fait que le salaire des ouvriers comportait couramment 20 à 25% de primes (stupides pour la plupart, comme la prime de chaleur en fonderie : *comme s'il faisait moins chaud parce qu'on donne de l'argent !*), proposa un jour à tous de prendre la moyenne de ce que chacun avait gagné depuis deux ans, et d'incorporer cette somme au salaire. Ainsi plus personne, ni les commerciaux, ni lui, n'eurent de primes, hormis celle résultant du partage égalitaire !

Plus tard, grâce au Pr Shiba, le petit Patron compris pourquoi cet ensemble :

– Rêve partagé : ***Rester à Hallencourt !***

– Objectif commun : ***Toujours plus et mieux pour moins cher pour mon client***

A Résultat courant avant impôts.

– Deux valeurs qui encadrent : *L'homme est bon et la recherche permanente de l'amour de mon client*
– Unité de mesure commune du progrès : *Le nombre de pièces bonnes par heure payée*
– Partage à *égalité du résultat* des progrès communs
Pourquoi cet ensemble était **cohérent**, et donc immédiatement adopté et porté par tous ? Parce qu'il naviguait harmonieusement entre la dimension *affective* et la dimension *cartésienne !*

Le Pr. Shiba enseigne en effet qu'il faut toujours naviguer entre ses deux dimensions opposées : celle du poète, de l'artiste et celle de l'ingénieur, du technicien. L'une nourrissant l'autre :

Affectif

| Rêve | 2 valeurs | Partage | ♥ Cœur |

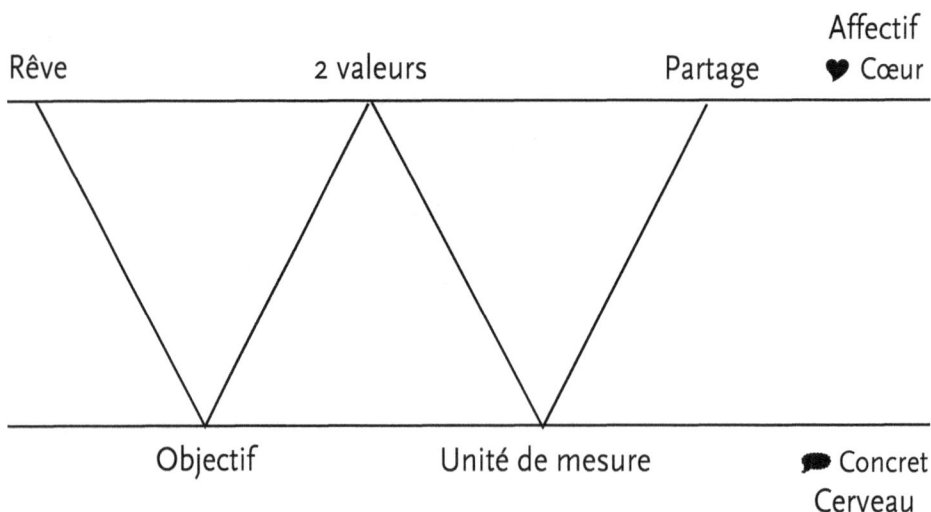

| Objectif | Unité de mesure | 🗩 Concret |

Cerveau

Et c'est cet ensemble cohérent porté au quotidien par le petit Patron qui fit que chacun, intuitivement, intimement fut convaincu qu'il fallait et qu'il faudrait en permanence, quotidiennement : *INNOVER !*
Chacun à son niveau : les uns en cherchant en permanence à faire plus de pièces bonnes à l'heure, d'autres en cherchant de nouveaux métiers, de nouveaux marchés, en anticipant l'évolution du monde, en anticipant la formidable et irréversible émergence de l'Asie et la faiblesse indolente de l'Occident.

Tel fut le **POURQUOI** innover de la fonderie !
Innover pour rester dans son village, en faisant toujours plus et mieux pour moins cher pour son client, guidé par deux simples valeurs.

Les quatre types d'innovation :
En ce qui concerne le **COMMENT**, il convient de distinguer les quatre secteurs d'innovation :
– *Le plan individuel* : comment **laisser des chances au hasard**, pour moi, pour l'autre ?
– *Le plan managérial* : comment organiser ses troupes ?

- *Les produits et services* : quelles armes nouvelles doit-on inventer ?
- *Les process* : comment fabriquer ces armes ?

1) L'INNOVATION sur le plan **INDIVIDUEL** conditionne toutes les autres :

Si "le Chef" se protège, en s'entourant d'une cour appelée comité de direction, par des réunions et des reporting écrits, continue à faire venir l'autre sur son territoire, limite l'entrée du dehors dedans[1][B] et interdit au dedans de sortir... aucun esprit d'innovation n'est possible !

S'il ne libère pas d'abord son esprit, puis celui des autres des mille et une contraintes internes contre-productives, il ne percevra aucun signal faible !

Le "Chef" doit sortir, se mettre dans le maximum de réseaux : APM, conseil d'administrations d'écoles, CCI, commission de normalisation internationale, groupement professionnel..., sans jamais prendre aucune responsabilité pour ne pas se faire phagocyter par ces organisations.

Son but est de multiplier les possibilités de laisser des chances au hasard, de percevoir un signal faible qui lui permettra de faire un coq à l'âne intellectuel, qui lui-même déclenchera une intuition constructive.

Il doit participer à des voyages d'études à l'étranger, car la soviétisation de la réglementation françaises le bloque intellectuellement dans des limites, qui, n'existant pas dans d'autres pays, lui permettront de penser une action nouvelle.

Ce qui est vrai pour lui est vrai pour toute l'entreprise, c'est pourquoi régulièrement un groupe d'ouvriers de la fonderie va au Japon, visiter des entreprises industrielles ou des salons professionnels pour ramener des actions d'amélioration de leur process. Pourquoi des ouvriers ? Parce que, eux, détectent des signaux faibles qu'un ingénieur ne verra jamais.

Encore une fois : **SEULS CEUX QUI SORTENT, S'EN SORTENT**

Si le petit Patron n'était pas sorti, il n'aurait pas rencontré Jean-Christian Fauvet qui, lui apprenant entre autres la socio-dynamique, le conforta dans son penchant naturel au passage à l'action sans réflexion, ni Shoji Shiba qui lui enseigna la plupart des outils d'innovation qui permirent la diversification vers les moteurs électriques, puis vers le domaine de la santé, ni Nadoulek, ni Bertrand Jouslin de Noray, ni Isaac Getz et tant d'autres qui lui permirent d'aller toujours vers le simple.

2) L'INNOVATION **MANAGERIALE** :
Elle est le fait du chef SEUL !

En effet, comme elle va remettre en cause le pouvoir de la caste dirigeante des cadres, ceux-ci vont tout faire pour la saborder.

Elle a pour but de libérer les esprits, pour faire en sorte que tous et chacun puissent, non pas tant s'exprimer, mais **AGIR** à sa guise.

B Les notes en chiffres arabes renvoient en fin d'ouvrage (p. 47)

C'est ce que fit le petit Patron, bien inconsciemment, *en allant*, au gré de ses contacts quotidiens. Il avait compris que la performance venait des seuls ouvriers, et avait constaté que les chaînes où le contremaître était un peu plus cool étaient plus performantes ! Il en conclut donc *qu'il n'y avait pas de performance sans bonheur !*

Lui qui avait des tas de hobbies, avait bien compris qu'on est heureux dans ses hobbies, non pas parce que l'on est le meilleur, mais tout simplement parce qu'on est **libre, indépendant, responsable, autonome !**

Il en conclut donc que pour *être heureux, il fallait être responsable, donc autonome !*

Mais « L'AUTONOMIE » est une abstraction, juste un vocable, c'est pourquoi le petit Patron préféra le concept **D'AUTO-ORGANISATION** tant individuelle que collective !

Il constata rapidement que bon nombre d'ouvrières et d'ouvriers savaient parfaitement régler leur machine et contrôler leur production !

C'est pourquoi, de-ci, de-là, il proposa aux uns et aux autres de tout faire, d'être *autonome* : « Ca fait combien de temps que vous travaillez sur cette machine? »... « 2 ans ! »... « Vous pensez être capable de la régler vous-même et de contrôler vos pièces ? »... « Oui ! »...

« Hé bien à partir de demain, je vois ça avec le contrôleur et le régleur, vous ferez tout vous-même ; mais faites bien attention car je vais aussi supprimer le contrôle expédition ! »

Ainsi, petit à petit, il libéra les esprits, rendit les gens moins malheureux et constata rapidement que :

– Les cadences augmentaient,

– Les ouvriers réglaient leur machine au nominal, pour ne pas être embêtés pendant tout leur temps de travail, alors que le régleur la réglait à la limite de tolérance pour qu'elle sorte régulièrement des limites et ainsi justifier son poste, faisant ainsi perdre de précieuses pièces en production !

– Les ouvriers s'appropriaient leur machine, la nettoyaient, l'entretenaient spontanément, quitte à rester quelques minutes de plus en fin de poste !

– Quand ils découvraient des pièces mauvaises, ils les isolaient, les restauraient ou les éliminaient, et tiraient eux-mêmes la conclusion de leurs erreurs.

Alors qu'auparavant cela générait des discussions, des réunions, des paperasses, des tensions, et surtout, surtout des contrôles systématiques supplémentaires, et ce parfois pendant des années, alors même que le problème ne se reproduisait plus !

Donc perte de pièces produites supplémentaires...

D'expérience il constata qu'**un point de performance** en plus, au niveau de l'ouvrier, représentait **CINQ POINTS DE CASH-FLOW !**

Il y avait un facteur multiplicatif de 4 à 5 !

1% de défauts en fabrication coûte combien en cash-flow, en contrôles inutiles qui dureront des années, en préjudice non chiffrable dans l'esprit du client, en tensions internes ?

Il en conclut aussi autre chose : c'est que de fait, il avait supprimé les cloisons existantes entre l'ouvrier, le régleur et le contrôleur !

Les Japonais, gens pragmatiques, avaient inventé les 5 démons[2] il en découvrit un sixième : **le diable qui est dans les cloisons !**
Et entre Claude, patron de la fonderie, Maurice, patron de la découpe-finition, et Dédé, patron de l'usinage, existaient des cloisons ! Certes ils se connaissaient depuis vingt ou trente ans, se tutoyaient, étaient copains, mais dès qu'un problème qualité survenait...
Les diables surgissaient des cloisons !

C'est pourquoi, profitant de la première commande automobile de Peugeot, le petit Patron fit dégager un espace où il fit installer les machines neuves destinées à ce nouveau marché.

Dans le même temps, il proposa à une vingtaine d'opératrices et d'opérateurs déjà autonomes, de s'intéresser à ces machines et de donner leur point de vue directement au B.E. car, si elles et ils le voulaient bien, ils auraient la charge de cette nouvelle fabrication. Quand tout fut prêt, le petit Patron eut l'idée d'installer le télex donnant les ordres de commande du client, directement dans le nouvel atelier qu'il baptisa « MINI-USINE PEUGEOT. »

Il passa une demi-journée avec ces nouveaux opérateurs pour leur apprendre les rudiments des lois sociales régissant les horaires de travail, et leur dit :
« A partir de demain, vous regarderez vous-même tous les matins, ce que veut le client qui vous paie et vous nourrit : Peugeot.
En fonction de ce qu'il commande, vous déciderez vous-même s'il faut faire des équipes, qui est dans quelle équipe, comment elles s'alternent, bref débrouillez-vous librement !
Si Peugeot est content, il vous donnera des sous et de nouvelles affaires ; s'il n'est pas content, nous aurons du mal à continuer à vivre à Hallencourt ! ».

Dès le surlendemain, les opérateurs arrêtèrent le petit Patron dans son tour d'usine et lui proposèrent que Bernard, un des leurs, reste en fabrication mais coordonne un peu tout ; le petit Patron acquiesça, et proposa qu'on le nomme LEADER.

Au sujet de la définition de la mission de l'ouvrier
Tout d'abord, on ne parle pas d'ouvriers, mais d'opérateurs et opératrices, dès lors qu'ils sont totalement autonomes.
Les mots ont leur importance !
Un opérateur qui a suivi une formation devient « Maître ouvrier Fondeur », « Maître ouvrier usineur »...
Tous les opérateurs ont des cartes de visite, qu'ils peuvent donner aux clients ou a des visiteurs, ou des fournisseurs.

Mission de l'opératrice ou opérateur
Il est totalement responsable, en toute autonomie, de :
– sa sécurité
– de la sécurité de son poste de travail

– de la propreté de son poste de travail
– de la maintenance de premier niveau
– des petits dépannages, si la panne est importante ; ils assistent le service entretien
– du respect du délai de livraison
– du respect de la quantité
– du respect de la qualité directement auprès du client (il n'y a pas de contrôle expédition)
– du contrôle de la qualité de sa production
– du réglage de sa machine
– de l'amélioration de son poste de travail
– de l'approvisionnement de son poste en composants.

Il participe, avec le leader à :
– l'élaboration du plan d'investissement
– la définition des achats liés à l'amélioration de leur poste de travail
– la définition des nouvelles machines de production
– la réception chez le fournisseur des nouvelles machines
– la mise en place et l'implantation de nouvelles machines.
En cas de problème qualité interne c'est celui qui a fait les pièces mauvaises qui les analyse et les trie.
En cas de problème client, c'est celui qui a fait les pièces mauvaises qui va voir le client, accompagné s'il le souhaite par quelqu'un de la qualité ou du bureau d'étude, en fonction du problème.

Mais surtout, le petit Patron constata très vite la différence de réaction par rapport au reste de l'usine :
– si un client qui prenait par exemple 1500 pièces par jour n'en demandait plus que 1000, il fallait parfois deux jours à Chantal pour enregistrer la commande, puis attendre la réunion planning, parfois même, si un cadre influent était absent, attendre la réunion cadre du lundi matin, pour changer la fabrication...
Pendant ce temps là, on continuait à produire 1500 pièces par jour, donc stock en trop, délice du service lancement-ordonnancement.
Puis il fallait trois jours pour la fabrication en fonderie, deux pour la découpe, trois pour l'usinage, bref de dix à quinze jours...

Alors que dans la mini-usine Peugeot, si les ouvriers constataient en arrivant le matin, que le client avait baissé ses commandes, ils appelaient leurs copains de l'équipe d'après-midi en leur disant : « Ne viens pas, reste chez toi ! », et le leader, avec un simple cahier d'écolier, comptabilisait les horaires des uns et des autres, pour que globalement tout le monde fasse en moyenne ses 45 heures hebdomadaires dans le mois (à l'époque).

De plus, par des combines simples, pour se simplifier la vie, les ouvriers firent en sorte que ce qui était fondu le matin soit fini et emballé dans la journée ! ! !

Une **demi-journée** de réactivité, sans stock, ni réunion, ni paperasses, ni surtout sans tension entre individus, contre **dix jours...**

Bien entendu le petit Patron généralisa le système en créant une mini-usine Compteurs d'eau, une autre Pièces sanitaires, une autre Petites séries, une autre Renault, puis Fiat, puis VW, puis Volvo, puis Moteurs électriques puis il mit les administratifs, le B.E. et l'Entretien en mini-usines, et supprima le service du personnel, le planning, le lancement, l'ordonnancement, bref **tous les services et toute structure.**
Il ne restait que le service Qualité, que son successeur supprima ensuite, considérant que la qualité étant devenue une culture individuelle. Ce service était plus un frein à la qualité qu'un moteur !

Dernier point : **la fonction commerciale**
Dans les années 1980 il n'y avait qu'un commercial : Siegfried.
Quand il ramenait une demande de prix, il savait pertinemment que si on ne proposait pas 200 pièces à l'heure, on ne passerait pas !
Il remettait le dossier à Antoine pour faire la gamme, c'est-à-dire qu'Antoine faisait circuler un dossier entre les services et environ trois semaines plus tard, le dossier remontait avec, au mieux, 170 pièces à l'heure parce que personne ne voulait prendre de risque !
Néanmoins, bien que cela ne serve plus à rien, le dossier était transmis à Georges qui chiffrait.
On chiffrait donc inutilement une centaine de dossiers pour une nouvelle affaire conclue !
Et quand on avait conclu une nouvelle affaire, alors intervenait Marie-Anne chargée des achats et approvisionnements.
Tout ce petit monde marchait à coup de paperasses, de réunions, et d'objectifs individuels idiots et souvent contradictoires !

Toute cette paperasse agressait la paresse naturelle du petit Patron qui, au lieu de chercher à améliorer le système, se disait : puisque l'ouvrier est heureux en faisant tout lui-même, sûrement que le commercial serait lui aussi heureux en faisant tout !
Il prit donc un gars du B.E., Jean-Luc, et lui proposa de prospecter comme il l'entendait, de faire et de chiffrer lui-même ses gammes et de sélectionner lui-même ses fournisseurs, de négocier librement les prix en amont et en aval, sachant qu'il fallait globalement avoir 25% de marge théorique, si on voulait rester à Hallencourt !

Enfin, pour lui donner les moyens d'aider la fabrication, à atteindre les objectifs vendus au client, comme pour lui permettre d'acheter les produits les mieux adaptés à cette fabrication. Il lui proposa de mettre son bureau en bas, en face de celui du leader, au milieu des machines.
En un mot en mettant tout dans une tête, il fit sauter quatre cloisons et les diables avec, et surtout, surtout, il découvrit un nouveau mode de raisonnement que le Pr. Shiba lui enseigna beaucoup plus tard : sa capacité naturelle à **raisonner à côté.**
Là où d'autres auraient tenté d'améliorer le fonctionnement à coup de procédures et de réunions, lui, en mettant tout dans une seule tête avait **raisonné à côté !**

Telle fut l'innovation managériale, résolument, non pas **en avance,** mais totalement **à côté** des systèmes traditionnels, que fit le petit patron, par pure *paresse, sans faire exprès, en allant !*

Cette non-structure à 3 niveaux :
– opérateur,
– leader,
– D.G.

alliée aux 5 éléments de cohérence :

– le rêve partagé
– l'objectif commun
– les deux valeurs « encadrantes »
– l'unité de mesure commune
– le partage à égalité,
libéra les esprits tout en les contraignant au progrès permanent par **L'INNOVATION, innovation par l'ACTION individuelle.**
Ce que sont devenus les contrôleurs, régleurs et autres chefs de service est d'importance, car une des règles fondamentales du management des hommes est qu'il ne faut **laisser personne au bord du chemin, sinon toute la démarche se bloque !**

Certains régleurs furent cooptés comme leaders par leurs collègues de travail, en fonderie notamment, d'autres anciens fraiseurs, par exemple, acceptèrent de retourner à l'outillage.
Les contrôleurs eux devinrent pour la plupart les apôtres diffuseurs des mille et un outils de la qualité venus du Japon, en premier, les outils d'autonomie comme le SPC[C], le TPM[D] ou le kanban[E].
L'Europe a fait une grossière erreur de traduction en traduisant « quality control » par « contrôle de la structure sur l'ouvrier par la qualité » car « to control » en anglais ne signifie pas « contrôler » mais « maîtriser ».
La maîtrise de son travail par la qualité, telle est l'exacte traduction. Le petit Patron, lui, l'avait bien compris !
C'est pour cela qu'il interdit que l'on centralisa les cartes SPC ou les TRG[F] ; il devait rester des outils pour que l'ouvrier s'auto- contrôle en toute liberté.
Le petit Patron eut quatre chances uniques en étant né en 1944 :
1) Le communisme : pendant que la moitié du monde jouait à ce jeu cruel, l'Occident a pu se développer ! Quel dommage que la Chine et les pays de l'Est n'y croient plus !
2) Le fait de n'avoir pas fait la troisième guerre mondiale, qui aurait dû vitrifier une grande partie de l'Europe et la chance de ne pas laisser de menace de guerre mondiale à ses descendants.

C Statistical Process Control
D Total Productive Management
E méthode juste à temps par flux tirés
F Taux de Rendement Global d'une machine

3) La période des trente glorieuses où l'inflation était de 15 %, les augmentations de salaire de 25 % et le taux d'emprunt de 6 %.

4) Enfin de 1990 à 2000 environ, l'Europe découvrait presque chaque mois un nouvel outil de la qualité ou de management venant du Japon. Outils qui contribuaient à l'épanouissement de chacun par l'autonomie et qui permirent la mutation d'une partie de la structure : de fonction de contrôle vers des fonctions d'accompagnement.

Et puis le fait de passer de 90 à 600 salariés dilua les fonctions indirectes puisqu'en 2010 la fonderie picarde compte 84% de main d'œuvre directe !

Quant aux chefs de services, nous verrons ultérieurement comment leurs grandes connaissances techniques furent valorisées pour provoquer des mutations majeures par l'innovation.

3) L'INNOVATION **PRODUITS ET SERVICES**
Cela est on ne peut plus simple :

Pour un effectif de 600 salariés, là où leurs confrères ont 30 à 40 administratifs et 6 ingénieurs en B.E. ou R&D, la fonderie, elle, a **6 administratifs** et une **trentaine de techniciens et ingénieurs en deux équipes**, voire même en trois en période de surchauffe !

Voilà, c'est aussi bête et simple que cela : ce ne sont pas que les mains qui doivent être en équipe, mais aussi les cerveaux !

Cela ne permet pas seulement de raisonner deux fois plus vite ou plus longtemps que les concurrents, cela permet surtout de faire un CEDAC[3] permanent et informel : deux ingénieurs qui se succèdent sur la même étude se nourrissent l'un de l'autre ; quand le deuxième prend le relais, il voit certes les idées de son collègue et les complète, pendant que le premier, en dormant, laisse décanter et aborde à nouveau l'étude riche de ce qu'a fait son collègue, auxquelles s'ajoutent ses idées de la nuit ! ! !

4) L'INNOVATION **PROCESS**
Là aussi, c'est simple :

1) Laisser les opérateurs libres de remettre en cause leur process, ce qui sous entend **la suppression du service méthodes.**

2) Encourager la mise en place d'ACTIONS par les acteurs de terrain, en pratiquant la politique du LOTO[4] (un seul gagne très gros, donc tout le monde rêve de gagner) plutôt que celle de la loterie (beaucoup gagnent mais peu, donc cela ne fait rêver personne !).

3) C'est **celui qui fait qui sait** et **le confort est productif**, telles sont les deux règles de base du kaizen.

Le petit Patron, conscient de la valeur de ces deux règles, poussa régulièrement les ouvriers à se révolter, à remettre en cause l'existant[6].

Il découvrit surtout que Mac Gregor[7] avait tort lorsqu'il prétendait que « l'imagination et la capacité d'innovation sont les mêmes quelles que soient la culture et la formation des individus ».

D'expérience, le petit Patron constata maintes fois que moins on est instruit et plus on est imaginatif, parce que l'on n'a pas appris les interdits[8].

Dominique, son fils spirituel et successeur, résuma cette supériorité d'imagination par deux constats :

— L'ouvrier a une capacité d'imagination continue et spatiale, alors que l'ingénieur a une capacité séquentielle et limitée dans le temps.

— Il suffit donc de prôner les choses sans les organiser, pour laisser tout espace de liberté à l'imagination des productifs directs.

Point important, **il supprima très tôt le service méthodes.** Il avait vite compris que tout ce qui ne venait pas des méthodes était condamné, il laissa donc aux opérateurs le soin de faire leurs propres méthodes de terrain : en bougeant eux-mêmes les machines, en les formant à la soudure et au pliage de tôles (même les opératrices) pour qu'ils puissent faire librement les petites modifications qui ne coûtent rien mais qui rapportent beaucoup, sans dépendre d'un service entretien jamais disponible au bon moment !

Pour ce faire, chaque mini-usine fut équipée d'un petit poste à souder.

4) Encourager la mise en place d'**ACTIONS,** certaines entreprises ont des boîtes à idées ! ! !

Très vite le petit Patron trouva que c'était doublement stupide :

– premièrement parce que ce sont des cadres qui jugent « d'idées d'ouvriers », or seuls des ouvriers peuvent juger « d'idées d'ouvriers ! »

– Ensuite parce que le système est ouvert à tous, même à ceux qui sont payés pour avoir des idées ! Qui plus est, ce sont souvent ces derniers qui jugent des « idées d'ouvriers ! »

Bien évidemment, les ouvriers les soupçonnent, à tort ou à raison, de conserver les idées pour eux et les ressortir plus tard !

C'est pourquoi le petit Patron établit deux trophées, réservés AUX SEULS OUVRIERS et ne récompensant que des **ACTIONS MISES EN PLACE !**

Le premier trophée, appelé prix **des leaders**, récompense des actions mises en place spontanément sans même que leur auteur fasse candidature. Chaque mois, les leaders se réunissent et mettent en avant des **actions** qu'ils trouvent remarquables ; le gagnant est appelé en réunion, félicité et applaudi, et se voit remettre une prime de 1000 € versée en 6 fois : en 6 fois car bouchée avalée n'a plus de goût, et si c'est un opérateur, sa femme l'apprécie 6 fois au lieu d'une. De plus, on peut penser que le 5e mois, elle aura tendance à l'inciter à mettre en place une nouvelle action !

Le deuxième trophée est pompeusement appelé prix **KAIZEN :** les opérateurs qui souhaitent concourir remplissent un document où leur nom est masqué, et décrivent leur action avec, si besoin est, des photos, chaque mini-usine disposant d'un appareil.

Le petit Patron fait chaque mois un tour de terrain, en prenant au hasard neuf personnes, essentiellement des opérateurs et opératrices, parfois un gars du B.E., ou pourquoi pas une comptable !

Les candidatures sont dépouillées et le vote effectué à main levée. Là où le gagnant est appelé en séance, félicité et applaudi, devient dame ou homme qualité du mois, et a son nom gravé sur une belle plaque en laiton, affichée dans l'entrée de l'usine.

En juillet, les dames ou hommes qualités du mois, exposent leurs actions, si besoin sur le terrain, devant un jury de personnalités extérieures à l'usine : clients, journalistes, fournisseurs, professeurs techniques... qui votent à bulletin secret, en présence d'un huissier de justice. Ainsi ce trophée devient fiscalement un concours (les gains échappent ainsi à l'URSSAF), et cela valorise les candidats.

La voiture familiale, objet du concours, est exposée depuis avril devant le réfectoire, et fin juillet, le jour de la fermeture de l'usine pour les vacances d'été, la lettre cachetée de l'huissier est ouverte et le gagnant proclamé ! Il ou elle repart sous les applaudissements de tous, et a pour privilège d'être « la dame ou l'homme qualité de l'année avec la seule place de parking de toute l'usine, réservée à son nom ! »

Depuis des années, grâce à cette conviction collective que pour rester à Hallencourt, il faut que chacun progresse par l'innovation, et grâce à ce système de management totalement **à côté** du vieux système basé sur le contrôle et la sanction, il se met en place à peu près trois actions par semaine et par mini-usine.

Quand une mini-usine est un peu à la traîne, le petit Patron prend au hasard une petite dizaine de personnes, et cette équipe va cordialement, amicalement, visiter chaque poste de la mini-usine et verbalement indiquer des pistes d'actions aux uns et aux autres. De plus, Isabelle centralise toutes les actions, et par des présentations des actions qui lui semblent les plus intéressantes, favorise la duplication...

Quelques OUTILS :

1) Le CEDAC

2) TRIZ

3) Le penser à coté du Pr Shiba

4) Le WV du Pr Shiba

5) la CEM du Pr Shiba (Beau Manoir)

6) La matrice du fermer / ouvrir du Pr Shiba

7) Saint Benoît et la tomate cerise

8) Le petit caillou dans la chaussure

9) L'appel à l'intelligence collective

10) CAUTIC

1) Le CEDAC

Voir fiche outil N° 2 de "La belle histoire de FAVI, l'entreprise qui croit que l'homme est bon" tome 2

Ce que je ne sais pas, quelqu'un d'autre doit le savoir quelque part dans l'entreprise, ou quelqu'un d'autre, en y réfléchissant, de par son histoire, pourra me mettre sur une piste de réflexion qui débouchera sur une solution nouvelle, innovante.

2) TRIZ

Voir Wikipédia

TRIZ part du principe qu'un problème donné présente des analogies, avec d'autres problèmes précédemment étudiés, donc que des solutions analogues doivent pouvoir s'appliquer. Ce constat vient de l'analyse d'une grande masse de brevets par l'auteur de la théorie...

TRIZ repose sur l'analyse de 40 000 brevets sélectionnés parmi 400 000 brevets internationaux. Ils ont la caractéristique de présenter des principes communs d'innovation, et ceci dans des domaines très variés.

La démarche assez lourde laisse parfois des chances au hasard de percevoir un signal faible nouveau.

3) Le penser « À CÔTE » :

Il s'avère que par pure paresse, le petit Patron a cette forme de pensée, même sur un plan pratique : après s'être construit un petit monoplace suivant le plan d'un poète de l'air, Henry Mignet, il eut envie de faire découvrir la beauté de la troisième dimension à ses petites-filles. Il acquit donc un kit d'avion biplace fort connu puisque c'était le 2500ᵉ.

Le kit prévoit un espace de 7 m de long pour sa construction. Comme il voulait l'assembler chez lui, dans son garage, entre la chaudière et le congélateur (qui servit en l'occurrence d'établi), il raisonna à **côté** et trouva un truc simple pour faire 95% de la construction dans un espace de 3 m sur 2,5 m : pas en étudiant les plans, non, en jouant « à blanc » avec des éléments sur la pelouse.

Le concepteur du kit, par lui contacté, reconnut qu'il n'avait jamais pensé que ce fut possible, et modifia son plan de montage.

De même là où d'autres auraient essayé d'améliorer le fonctionnement entre le commercial, le gars qui faisait la gamme, celui qui la chiffrait et celle qui commandait les fournitures, à coup de procédures et réunions, lui mit tout dans la même tête, tout simplement !

Tout aussi simplement, il constata rapidement que les paperasses pour tenir un stock permanent ne servaient à rien puisque, lorsqu'on faisait un stock physique partiel, on se rendait compte que les états de stocks étaient faux !

Au lieu de corriger ou améliorer les procédures de tenue des stocks, il décréta, par pure paresse, qu'on abandonnait totalement toute cette paperasse, réintégra la personne affectée à cette fonction (qui perdait son temps et en faisait souvent perdre aux autres) à des tâches plus productives et fit faire simplement **un stock physique tous les mois.**

Simplement : la dernière semaine de chaque mois, les leaders disposent de cartons 21 x 27, avec le n° du mois, 04 pour avril, par exemple. Dans le courant de la dernière semaine, ils commencent à comptabiliser leur stock de pièces et composants, en mettant à chaque fois l'étiquette du mois, ainsi ils sont certains de ne pas compter deux fois la même benne, comme de n'en oublier aucune.

Le samedi matin, en deux heures, ils finissent de comptabiliser leur stock, et le transmettent d'un coup de fil à Sylvie, une des comptables : pas d'états, pas de tableaux, et on est sûrs que le stock est exact, pour établir le compte d'exploitation mensuel !

De plus, conformément à la doctrine d'HONO, le génial créateur du système Toyota, chacun peut ainsi *piloter l'usine avec ses yeux* : si une benne comporte 3 cartons, on peut se poser la question de savoir pourquoi ?

Le prof Shiba dit que pour penser à CÔTE, et non plus en avance, il faut *fermer ses yeux, ne pas regarder ce que font les autres*, et *ouvrir son troisième œil !*

Le prof Shiba disait qu'il était au milieu du front, ce troisième œil, mais après de longues discussions avec le petit Patron, il admit qu'il pourrait peut-être bien être **sur le côté**, ce troisième œil, au niveau de la tempe !

Easy Jet qui, en 2009, a transporté plus de passagers qu'Air France, en respectant scrupuleusement les horaires et en gagnant de l'argent alors qu'Air France a perdu plus d'un milliard, est **à côté** !
ALDI, première fortune privée d'Allemagne, est **à côté** !
La LOGAN fut à **côté**, alors que tous se battaient pour mettre de plus en plus de technologie embarquée...
Mittal, société familiale, avec 4 indicateurs contre les 75 de feu Arcelor, est à **côté** !

Enfin, le fait de tout manager sur le terrain, par des tours d'usine quotidien, en lieu et place de réunions puériles et stériles, dont le seul but est de sécuriser le chef dans sa fonction de chef, est aussi un management "à côté".

Un exemple simple vécu : La fonderie fait jusqu'à 100.000 fourchettes par jour !
Même quand on est à moins de 1 ppm de défauts, entre les pièces de réglages, de contrôles... il y a des pièces rebutées de temps en temps.
La fourchette est un ensemble de parties en laiton et d'autres en acier.
Pour récupérer le laiton et le refondre, de même que l'on a fait des machines à assembler, le B.E. a conçu des petits montages pour désassembler et désolidariser le laiton de l'acier ! Mais comme il y a heureusement peu de rebut, ces montages sont polyvalents, et non automatisés. L'opération est donc contraignante !

Cela dura des années, et un jour le petit Patron fut arrêté par Eric, un opérateur qui pestait pour désassembler un lot de pièces rebutées. Il prit le petit Patron à témoin en lui disant :
– « Quel est le but ? »
– « Eh bien de récupérer le laiton, puisque les parties en acier sont blessées et inutilisables ! »

– « OK, alors suivez moi, je vais vous montrer un truc ! »
Il prit une dizaine de pièces, les mit telles quelles dans un four, en quelques secondes le laiton fondit, l'acier plus léger remonta dans les crasses qui le protégèrent du métal liquide, évitant ainsi toute pollution du bain par le fer ! !
Voilà un bel exemple de **raisonnement à côté** qu'un B.E. est incapable d'avoir : « Puisque je monte...je démonte ! », au mieux : « j'améliore ce dispositif de démontage ! ».

Raisonner en avance était valable quand, après guerre, il y avait tout à inventer : le frigidaire, la machine à laver et le téléviseur, que le professeur Shiba appelle les trois dons des dieux, qui firent la force du Japon.
Quand on a inventé la machine à laver le linge, en raisonnant en **avance** on pouvait prévoir la machine à laver la vaisselle.

Mais maintenant qu'une génération, celle du petit Patron, a satisfait tous les besoins physiologiques même au second ou troisième degré, (il y a plusieurs pages de sex toys dans le catalogue de la Redoute !) et que le renouvellement va partir en Asie, il importe de fermer ses yeux et d'ouvrir **son troisième œil A CÔTÉ.**

Dernier exemple, La Société Générale :
Janvier 2007 elle se voit attribuer par les Anglais le titre de la banque la mieux contrôlée d'Europe, avec ses 5 niveaux de contrôle ! Survient l'affaire Kerviel, et après enquête, on cherche à **reprendre de l'avance** en mettant un sixième niveau !
Cela n'a pas marché, alors on en remet une couche !
Alors qu'en raisonnant **à côté** ils auraient vite compris que leur problème n'était pas un problème de CONTRÔLE, mais un problème de **LIENS** internes : il n'est pas normal que ce jeune homme ait pu rester jusqu'à 22 heures, et ne pas prendre de congés sans que personne ne s'en aperçoive !
C'est assurément parce que les chefs de services font parking - bureau, bureau - parking, sans jamais sortir de leurs bureaux.

Si le chef de Kerviel avait discuté avec lui, connu ses passions, ses hobbies, assurément le gamin, tout fier, l'aurait informé du bon coup qu'il préparait, ou du moins son chef aurait vu qu'il avait des horaires anormaux.

– Mettre un niveau de contrôle supplémentaire, c'est raisonner en voulant reprendre une **avance.**
– Donner des cours de **liens** et de communication aux chefs, c'est raisonner à **côté.**

4) Le WV du Professeur Shiba :
Le Pr Shiba a développé ce mode de raisonnement où l'on navigue entre l'affectif (l'imaginaire, la pensée créative, l'intuition) et le factuel (expérience concrète, voire, mesurable), à la demande de l'armée US qui, au temps de la guerre froide, cherchait à accélérer le développement des armes.

Le principe consiste à naviguer de façon très précise, d'abord cinq fois entre ces deux dimensions, d'où le **W**, puis trois fois pour validation, d'où le **V.**

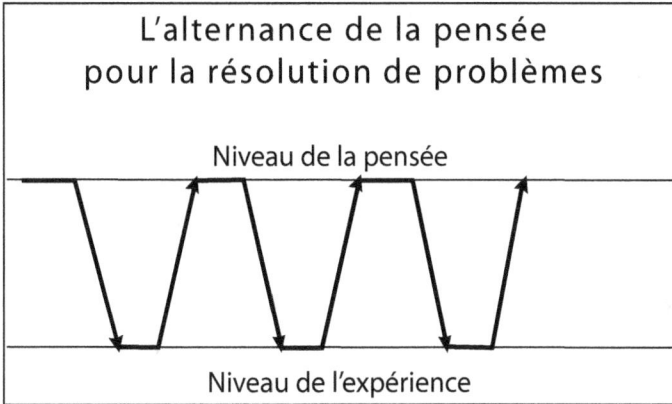

L'alternance de la pensée pour la résolution de problèmes

Niveau de la pensée

Niveau de l'expérience

Cycle de résolution de problèmes - modèle WV

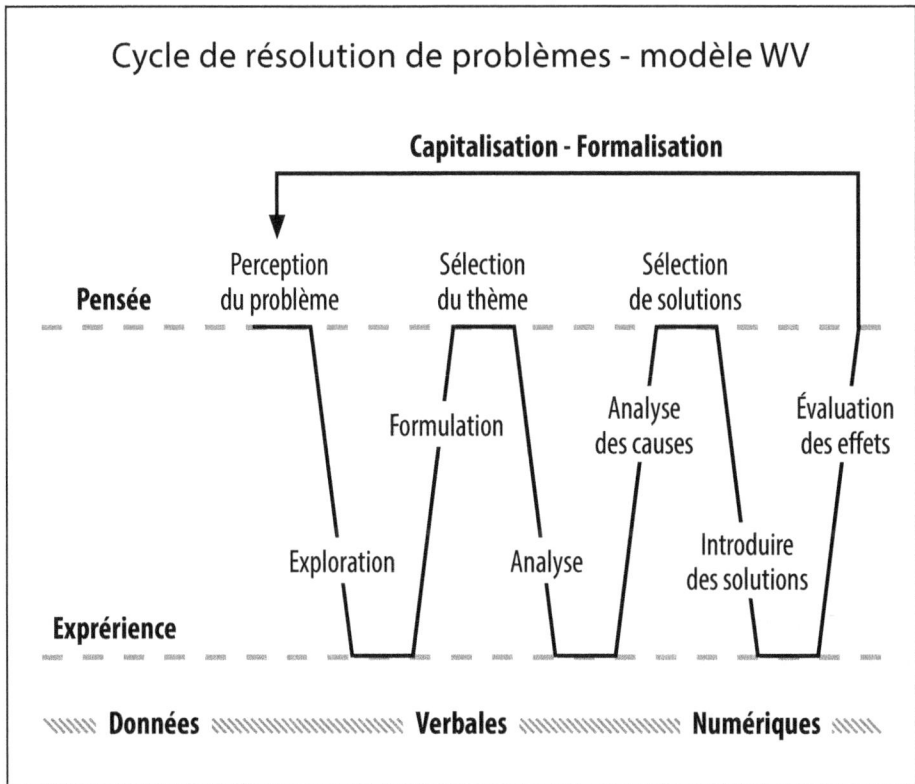

Capitalisation - Formalisation

Pensée

Perception du problème   Sélection du thème   Sélection de solutions

Formulation   Analyse des causes   Évaluation des effets

Exploration   Analyse   Introduire des solutions

Exprérience

Données   **Verbales**   **Numériques**

La dimension affective, celle de l'artiste et du poète, nourrit la dimension cartésienne, celle du technicien et de l'ingénieur, et vice versa, alors que traditionnellement, on ne raisonne que dans une de ces dimensions.

Exemple concret : Le petit Patron conscient que l'avenir se cache derrière les signaux faibles :

– d'une part, évite de travailler car alors il émet un bruit de fond qui masque ces signaux porteurs d'un espoir d'avenir.

– d'autre part, sort beaucoup car « seuls ceux qui sortent s'en sortent » et puis cela « laisse des chances au hasard »,

– participe à des instances diverses potentiellement émettrices de signaux d'avant-garde : CCI, MFQ, C.A. d'écoles, C.A. de l'AFAQ puis de l'AFNOR (où il rencontre des êtres exceptionnels qui le tirèrent vers le haut), E.O.Q, etc...

À ce titre, il fait partie du comité de sélection de l'incubateur local. L'incubateur est une structure régionale qui assiste des enseignants chercheurs, des professeurs, bref des scientifiques qui ont une idée apparemment exploitable, qu'ils souhaitent commercialiser.

Et le petit Patron, avec d'autres sages, contribue à valider certains dossiers.

Un matin, un chirurgien cardiaque confirmé, qui en était à plus de 600 interventions à cœur ouvert, expliqua au comité que la Bétadine, liquide antibactérien utilisé au cours des opérations, n'était efficace que 45 minutes. Ce délai, suffisant pour une opération de hanche, ne l'était plus pour des interventions importantes qui duraient plusieurs heures ! En effet, ce délai de 45 minutes passé, les bactéries (dont le fameux staphylocoque doré) réapparaissent d'autant plus qu'elles prolifèrent sur les alliages d'inox et d'aluminium des écarteurs.

De plus, le problème est particulièrement épineux quand ces prédateurs se fixent sur les os, ce qui est le cas dans les opérations du cœur où l'on sectionne les côtes, et met la moëlle à vif ! Ce chirurgien proposait donc une solution originale pour amener de la Bétadine au bon endroit et au bon moment.

Riche de ce savoir nouveau, le petit Patron, dès son retour à l'usine, convoqua Nathalie, l'ingénieur des mines - électron libre, Isabelle, la métallurgiste, et Thierry, du labo d'essai, et leur relata l'histoire. En temps réel, Nathalie feuilletant le web, découvre que l'essai de base, adopté par tous et donc par l'institut Pasteur, consiste à mettre une pastille du matériau à tester dans une boîte de Pétri abritant une colonie de staphylocoques dorés.

La référence étant le cuivre pur, au bout d'un certain temps, on compare le nombre de bactéries résiduelles sur le matériau testé avec celui des survivants sur le cuivre pur.

Le problème est que le cuivre pur n'a aucune résistance mécanique, n'est pas usinable et est très difficile à mettre en œuvre dans les différentes technologies touchant à la fonderie.

Riches de ces informations, on détermina de conserver quatre alliages potentiels, riches en cuivre mais dopés en silicium, ou aluminium, ou cobalt, ou béryllium, afin d'augmenter soit la résistance mécanique soit l'usinabilité soit la coulabilité, bref quelque chose de cartésien !

Ce faisant, on avait fait la première branche du W : on était passé du verbatim : les propos du chirurgien, au concret : les alliages.

Verbatim : les bactéries prolifèrent sur inox.

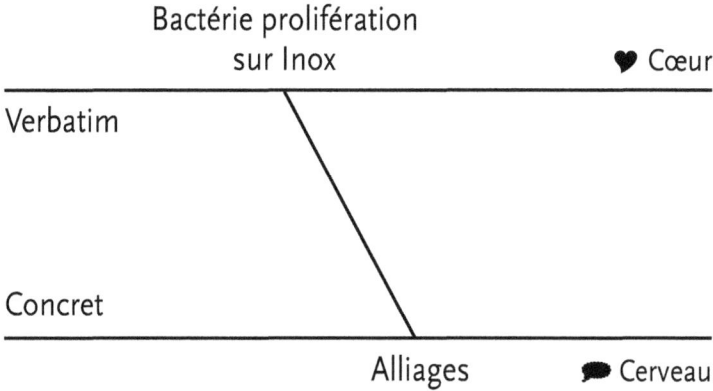

Bactérie prolifération
sur Inox ♥ Cœur

Verbatim

Concret

Alliages 🐷 Cerveau

Bien entendu le petit Patron chercha à remonter vers l'affectif, vers le beau, et dit : « Mettez-moi aussi cet alliage ! ». Interloqués, les acteurs de la réunion lui répondirent que c'était une perte de temps, qu'il ne pouvait théoriquement pas marcher !

Peut-être, répondit le petit Patron, mais il est beau !

Et de fait les 4 alliages étaient rouges, cuivres ou dorés comme un bronze ou un laiton, alors que cet alliage-là était argenté, avait dans sa masse l'aspect de l'aluminium ou de l'inox, donc un aspect moderne.

La discussion s'anima et il fallut que le petit patron se fâche en disant : **« C'est moi le chef après tout, vous pouvez bien me faire plaisir ! Vous m'avez mis 4 légumes, laissez-moi mettre une fleur, ma fleur ! »**

On avait ainsi tracé le deuxième segment du W

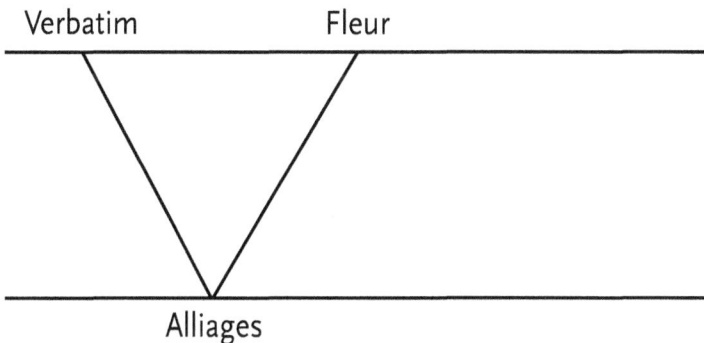

Verbatim   Fleur

Alliages

Contre toute attente, « la fleur » non seulement s'avéra plus bactéricide que la référence cuivre (tuait davantage de bactéries), mais elle s'avéra de plus antibactérienne (empêchait les bactéries de se reproduire), ce que ne faisait pas la référence cuivre ! On est donc redescendu au niveau cartésien pour comprendre pourquoi ?

Puis remonté vers l'affectif pour trouver des applications ! De par son réseau, le petit Patron (qui est un grand bavard) raconta cette belle histoire à plein de gens.

L'un qui fabriquait du matériel pour les charcuteries, lui conta que la salmonelle était la bête noire de tout ceux qui œuvraient dans l'alimentaire, et qu'un hachoir à viande, non régulièrement nettoyé se transformait en foyer mortel en une nuit.

Après essai il s'avéra que l'alliage « fleur » tuait aussi les salmonelles. Un autre lui apprit que la légionellose.... Un autre qu'il y avait 100 fois plus de bactéries dans un pommeau de douche que dans l'eau courante... Un autre que les fontaines à chocolat...

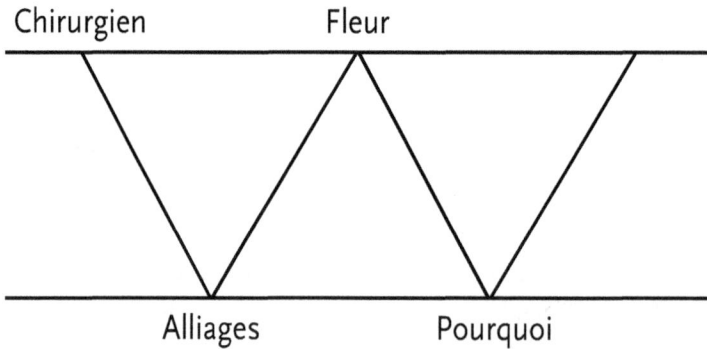

Chirurgien   Fleur

Alliages   Pourquoi

5) La Conception à l'Écoute du Marché ou CEM type Shiba
A) Le 360°
Le Pr Shiba dit : « si tu veux observer un poisson, il y a trois manières de le faire :
– soit tu regardes le poisson à travers le bocal,

– soit, si tu es ingénieur, tu le sors et le mets sur la table,

– soit, tu entres dans le bocal,

Et là, seulement là, tu connaîtras le goût de l'eau, sa température et si tu fais un 360°, tu verras ce que voit le poisson : « Quel est son monde, quelles sont ses valeurs ? »

Celui qui nourrit chaque jour le poisson a sûrement le rang de Dieu nourricier ! (C'est d'ailleurs pour cela que le petit Patron, mégalo comme tous les Patrons, a des poissons rouges. Il est enfin Dieu pour quelqu'un !)

B) Seule une femme de ménage peut comprendre une femme de ménage, un cariste un autre cariste, une comptable une autre comptable, un patron un autre patron, un ouvrier un autre ouvrier...

C) Mode opératoire de la méthode :

Le patron explique la démarche à un autre patron client : si ce client y adhère, il lui demande la permission de laisser les salariés de tous niveaux se rencontrer à la date de leur convenance mais sur leur lieu de travail.

Les modalités d'entretien sont codifiées à la japonaise :

– Les membres du personnel volontaires reçoivent une formation,

– Ils se déplacent à deux : un qui interroge, l'autre qui, avec la permission du salarié interviewé, note tous les échanges à la main,

– Celui qui interroge est à 90° par rapport à l'interviewé, pour ne pas qu'il y ait sentiment d'affrontement,

– L'entretien part du passé, parle du présent puis de l'avenir,
– On ne conteste jamais les propos de l'interviewé,
– L'entretien se fait sur le lieu de travail de l'interviewé,
– Avant de démarrer l'entretien, le binôme fait un 360° et note tout ce qu'il voit,
– L'entretien dure une heure environ,
– A la fin de l'entretien, on remercie l'interviewé et on lui remet un petit cadeau.

Le petit Patron a un peu amélioré la technique en ajoutant à la méthode :
– A la fin de l'entretien on invite l'interviewé à venir visiter l'usine,
– On le reçoit comme un client,
– Et on recommence la démarche dans notre bocal !
Ainsi à leur guise, un binôme d'opératrices va prendre rendez-vous avec une opératrice du client (qui faisait partie des volontaires pour ce faire), puis un binôme d'entretien avec leurs homologues, puis les comptables, les gars de B.E., etc... Enfin le petit Patron et un collaborateur avec le grand Patron de l'usine cliente.
A chaque fois, dès la fin de l'entretien, les deux enquêteurs vont immédiatement dans un bistrot, relisent les notes prises et transcrivent une idée émise par post it.
Au retour à l'usine ils remettent les post it à une équipe spécialisée dans la pratique du KJ, ou diagramme d'affinités[10].
Il s'en dégage des axes d'actions (des breakthrough comme dirait Shiba) d'autant plus riches que souvent ils n'ont pas été exprimés par aucun des interviewés, mais qui sont sous-jacents dans tous leurs propos.
À chaque fois, les actions potentielles sont soumises à un comité qui se charge de les mettre en place ; le problème est que l'encadrement dans les grosses sociétés voit cette démarche d'un très mauvais œil, accepte difficilement que des salariés puissent librement prendre rendez-vous et s'exprimer sans témoins. Pour désamorcer cela, on met souvent ces gens-là dans le comité de pilotage pour les neutraliser mais...bien souvent ce n'est pas suffisant !
Cette démarche est d'une richesse incroyable car, hormis des problèmes simples mais importants du genre « les pièces arrivent positionnées comme ça, ce qui fait que sur chaîne on est obligé de se tordre le poignet 250 fois par heure, alors que si on les mettait comme ça, on n'aurait pas mal au bras en fin de poste ! », souvent elle révèle un problème latent non exprimé...
La fonderie avait fait cette démarche avec un petit client en région parisienne pour lequel elle livrait des produits finis, polis, chromés.
À l'issue de la démarche, en classant les post it, il s'est avéré que bien que personne ne l'ait formellement dit : le client n'avait pas de place. Le petit Patron lui proposa donc, puisqu'il était son fournisseur exclusif pour ce type de produits, de les emballer directement dans ses propres cartons et de les envoyer directement à ses clients !
(Il est à noter que sur google vous trouverez tous les renseignements voulus en consultant « Diagrammes d'affinités » ou « Conception à l'Écoute du Marché ou CEM »)
Beau Manoir est un groupe qui détient un certain nombre de marques de vêtements : MORGAN, Cache Cache, BONOBO, Patrice BREAL, SCOTTAGE... et dispose d'un réseau mondial de magasins leur appartenant ou franchisés.

Leur manière d'innover est totalement tournée vers une écoute pragmatique du marché : Ils ont en France une équipe de designers « fous » (ou plutôt folles) qui créent tous azimuts, sans contraintes ni considérations marketing. Ils approvisionnent leurs magasins, sur un marché donné, avec tous les modèles en vrac, et ont un système de veille qui leur permet de savoir au jour le jour les 20% de modèles qui marchent le mieux. Ils retirent les 80% restant qu'ils bradent au prix du chiffon, et inondent ce marché avec les 20% qui marchent.

6) La matrice du FERMER puis OUVRIR du Pr Shiba :

En ce temps là, le Pr Shiba enseignait six mois par an au M.I.T. de Boston et six mois à Tokyo, et entre deux faisait une semaine de conférences à Paris à l'invitation du MFQ[G]. Comme à son habitude, le petit Patron assista plusieurs fois à chacune de ses présentations, car son travail n'était pas de comprendre les outils, mais ce qu'il y avait derrière chaque outil.

Par exemple à la première réunion de formation, il comprit ce qu'était le T.P.M, mais ce n'est qu'à la fin de la deuxième qu'il perçu que, si l'on voulait que le T.P.M. soit adopté par tous, il fallait supprimer toute référence à l'argent, aux coûts et aux prix de revient.

Qui plus est, quand un intervenant voit la même tête plusieurs fois de suite, surtout quand ce n'est pas celle d'un étudiant ou d'un consultant, il s'enquiert du pourquoi de cette assiduité. Donc un jour, à la pause de midi, le Pr Shiba s'installa en face du petit Patron et lui demanda directement, à la japonaise :

« Que cherchez-vous ? »

Le petit Patron lui expliqua que son entreprise fournissant 25% du marché automobile européen, il pensait qu'on ne pourrait faire guère plus (il ne pouvait pas imaginer que la médiocrité de ses concurrents l'amènerait à fournir un jour près de 70%, et sûrement plus demain, grâce à la crise), et que donc il avait cherché des voies de diversification sans succès : les sprinklers, vaste marché où il n'y avait rien à gagner, le ferroviaire où tous les marchés étaient mafieusement bouclés...

Alors le Pr Shiba lui dit : « J'ai quelque chose pour vous ! Connaissez-vous le K.J. de Kawakita Jiro, aussi appelé Diagramme d'affinités ? »

– « Oui ! »

– « Alors, vous allez faire un groupe hétérogène de volontaires, que vous ne réunirez qu'une fois par semaine. J'insiste, un groupe hétérogène : des vieux, des jeunes, des hommes, des femmes, des ouvriers, des comptables... et vous demanderez à ce groupe deux choses :

1) quel est notre métier ?

2) comment décomposer notre activité en entités ?

Puis en jouant avec les post-it selon la technique du KJ, vous restreindrez la pensée en disant : qu'est-ce qui nous empêche de faire plus ? Vous ferez ça pour chaque entité, puis vous ferez sauter, une à une, toutes les contraintes, en imaginant ce que cela apporte à chaque entité.

Et vous verrez à un moment, je ne peux pas vous dire quand, vous verrez que quelqu'un va émettre une idée nouvelle de percée, de breakthrough, mais de percée dans votre métier ! Car vous ne le connaissez pas votre métier, vous ne le connaissez pas ! »

G Mouvement Français pour la Qualité

Sitôt rentré à l'usine, le petit patron constitua le groupe de volontaires, et pilota la démarche. Au début, le groupe fit des entités par famille de produits, puis par marchés, et enfin on aboutit à considérer plutôt les différents alliages, puisque la plupart avaient été créés pour un marché ou un client spécifique. Ainsi leur dénomination interne n'était pas celle normalisée, car le petit patron qui avait de longues années durant, participé aux commissions de normalisation européennes, en avait profité pour faire entrer ses alliages dans les standards européens. Leurs dénominations internes portaient le nom du client pour lequel il avait été développé : l'alliage IBM, Merlin Gerin, Schlumberger, Simca, etc...

Qu'est-ce qui nous empêche de faire plus : le prix du cuivre, l'usure des moules, le contre dépouille, etc...?

Puis, que se passe-t-il si le cuivre est gratuit ???

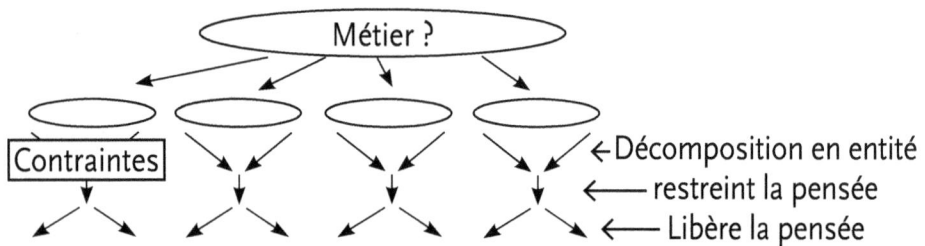

Et chemin faisant, effectivement le Pr Shiba eut raison !

Quelqu'un, en l'occurrence Dominique, son futur successeur, qui ignorait bien entendu qu'il le serait un jour,[11] dit :

« C'est curieux, on a douze alliages : un pour la dureté, un pour la résistance au frottement, un pour l'allongement, un pour la déformation à froid, un pour l'usinabilité, un sans plomb, un qui résiste à la corrasion, un qui....*mais rien pour la conductibilité* !

Sitôt dit, sitôt fait, le petit Patron demanda à Claude, patron de la fonderie d'injecter du cuivre pur à haute conductibilité, en gardant donc 100% d'I.A.C.S.[H] et il n'y arrive pas ! Une étude est donc demandée à l'ANVAR[I] et l'ARIST[J], qui dirent qu'à leur connaissance, personne au monde ne savait injecter du cuivre pur à haute conductibilité ! Le patron proposa donc à Claude de se consacrer à plein temps à cette mission avec des moyens illimités.

– « Pourquoi faire ? » demanda Claude,

– « Je ne sais pas, mais si l'on fait quelque chose que personne ne sait faire, forcément un jour on gagnera beaucoup d'argent ! »[12]

Et c'est ainsi que Claude, Chef de service dont on gâchait les compétences en le cantonnant dans des tâches de planification et contrôle, fut heureux d'apporter ses 30 années d'expérience au service de la collectivité.

H La conductivité électrique ou son inverse la résistivité, celle d'un fil de cuivre pur à l'état recuit témoin nommé IACS ou International Annealed Copper Standard (en), qui, mesurée à 20 °C, s'établit à 1,724× 10-8 ▶ · m sert d'étalon de mesure en physique. La conductivité est exprimée en pourcentage IACS

I L'agence nationale de valorisation de la recherche (abrégé en ANVAR) a fusionné en 2005 avec la Banque du Développement des PME pour créer le groupe Oséo.

J ARIST Agence régionale d'information stratégique et technologique

Et c'est aussi ainsi que la fonderie put être mise en totale autonomie, avec le principe des mini-usines à deux seuls niveaux hiérarchiques : **opérateur et leader !**

Rappelons nous ce qui à été dit en introduction : **personne ne doit rester au bord du chemin de l'évolution managériale** !

Dernier point : cette démarche permit collectivement de comprendre que leur métier n'était pas l'automobile, ni la fonderie, ni les cuivreux, mais *la maîtrise de l'injection en moule métallique à haute température ! ! !*

Et eux, qui maîtrisaient les 1000°C, avec le cuivre à 1300°C, étaient encore davantage dans leur métier, et donc davantage à l'abri de la concurrence !

Quant à Dédé, le Patron de l'usinage, quand les mini-usines se mirent en place, il n'avait plus grand chose à faire...

Le petit Patron était choqué par les m³ d'huile de coupe (mélange d'eau et d'huile soluble) que l'on utilisait en usinage. Cette huile de coupe a deux fonctions : tout d'abord évacuer la chaleur générée par l'opération d'enlèvement des copeaux, ensuite de lubrifier l'interface entre l'outil de coupe et l'objet usiné. Mais cette huile a quelques inconvénients : elle crée des allergies et des dermatoses, provoque le collage des copeaux humides (d'où problème de blocage d'outils et d'encrassement des machines), impose de parfaitement sécher les copeaux (sinon risque d'explosion quand ils sont introduits dans le métal liquide), etc...

Le petit Patron incita donc Dédé à utiliser toute sa grande expérience pour diminuer, voire supprimer cette huile.

Dédé fit une étude, se rapprocha de l'ANVAR, qui le mit en relation avec un I.R.A. locale, où un chercheur développait une huile végétale lubrifiante, dont l'évaporation absorbait les calories, ainsi on n'utilisait plus que quelques cm³ d'huile végétale par équipe au lieu de plusieurs dizaines de m³.

Résultat : plus d'allergies, plus de nettoyage de machines, ni de fumées toxiques générées par le séchage des tournures, plus de risque dans le transport de voir cette huile s'écouler du camion sur le pare-brise d'une voiture...

Cette transformation occupa Dédé pendant des années car machine par machine, outil par outil, il a fallu se faire une nouvelle culture sur les angles de coupe, la forme de l'outil, etc...

Pendant quelques 25 ans, la fonderie Picarde fut la seule à maîtriser cette technique avec une baisse de coûts directs et surtout indirects considérables.

7) La tomate cerise et Saint Benoît

En Sicile, depuis quelques siècles, on cultive des tomates.

Régulièrement, en période de sécheresse intense, il y a de toutes petites tomates, réputées non commercialisables, que l'on donne aux cochons. Jusqu'au jour où une jeune fille, nièce d'un gros cultivateur mais qui ne connaissait rien aux tomates, étudiante dans une école de commerce, vint en vacances chez son oncle.

Elle s'étonna que l'on jette ces petites tomates qui, par ailleurs, avaient bon goût, et proposa à son Tonton de faire une étude de marché, comme thèse de fin d'études !

Deux conclusions :
1) le syndrome d'Orangina : faire d'un défaut un point positif de différence.
Quand le produit Orangina fut mis au point, on constata que la pulpe se décantait. Qu'à cela ne tienne : "Secouez-moi ! Secouez-moi !"
2) Un des principes de Saint Benoît appliqué au management : St Benoît disait : « Si tu as un problème simple et courant à régler, consulte, écoute les anciens ; par contre, si tu as un problème complexe, consulte les jeunes novices, car d'eux viendra la solution inattendue ! ».

Dans les années 1990 la fonderie picarde avait chiffré un appel d'offre important pour un marché de 15 à 20 000 pièces/jour qui représentait une bonne soixantaine d'emplois. Marché très particulier : d'une part parce qu'il s'agissait d'une production intégrée que le client voulait externaliser, il fallait donc démarrer sec à 15000/jour, alors que normalement ce genre de production monte progressivement en cadence sur 18 mois.

De plus les composants étaient délicats, et le client ne fonctionnait qu'avec des dérogations internes que, bien entendu, il n'accorderait pas à son fournisseur.

D'autre part, il n'y avait qu'un délai d'un an pour tout réaliser, depuis l'optimisation des produits (car le client en profitait pour améliorer et donc modifier les produits), la conception et la fabrication des machines d'usinage, assemblage, et contrôle.
Enfin, dans le cas de la fonderie, il fallait implanter un bâtiment de 5.000 m².

Très rapidement il avait été signifié, à la fonderie que l'affaire ne serait pas pour elle, car non placée en terme de prix.

Le petit Patron n'avait donc lancé aucune étude préalable, comme il le faisait traditionnellement quand il sentait qu'une affaire pourrait leur être attribuée.
Début janvier, il est convoqué à Paris pour la traditionnelle négociation sur les baisses de prix de vente. Comme d'habitude il se fait accompagner par un opérateur, travaillant sur les produits de ce client. Il faisait toujours ainsi, d'abord parce que, expliquait-il à l'acheteur, ce n'était pas lui qui faisait la productivité, mais les opérateurs et qu'il lui semblait donc normal qu'il l'assiste comme conseiller compétent.

Ensuite cela déstabilisait toujours l'acheteur, qui restait dans les limites de la courtoisie. Enfin l'opérateur qui avait assisté aux entretiens pouvait ainsi rapporter à ses collègues ce qui s'était effectivement dit.

À sa grande surprise au lieu d'être reçu par un, voire deux acheteurs dans un petit box surchauffé, ils sont tous deux reçus dans une salle de conférence, avec de l'autre côté de la table cinq niveaux hiérarchiques sur les huit que comprenait ce service Achat !

On négocia les baisses de prix pendant une paire d'heures, et juste avant de lever la séance, presque incidemment, sur un ton désinvolte, le chef de la délégation adverse, dit au petit Patron : « Au fait si vous baissez vos prix de 5%, l'affaire « stroumpf » vous est acquise ».

Le petit Patron, étonné, répondit qu'encore ce matin, en bas de l'ascenseur, une de ses connaissances lui avait confirmé qu'il n'était pas du tout placé et que, de plus, il n'avait ni terrain, ni bâtiment, et qu'il considérait comme impossible de tout réaliser en moins d'un an !
Il lui fut répondu qu'avec une baisse de 3%, on pourrait transiger... Pour finir, devant son refus formel, on lui demanda de bien vouloir accepter car, pour d'obscures questions stratégiques, la haute grande direction générale avait imposé que cette production soit externalisée dès le début de l'année suivante et que, surtout, le concurrent bien placé avait déposé le bilan la veille !
Le petit Patron rentra donc à l'usine avec cette affaire sur les bras, réunit les anciens pour établir un PERT[9] qui commençait, bien entendu, par l'acquisition d'un terrain.

En résumé : acquérir un terrain auprès d'un cultivateur voisin, faire transformer par le Sénateur Maire, ce terrain agricole, en terrain industriel, voir avec la DRIRE... : mission impossible en moins d'un an.

Quand le Petit Patron se souvint de St Benoît !
Il mit fin à la réunion, descendit dans l'usine, prit une dizaine de jeunes au hasard, les fit monter dans son bureau et leur exposa le problème. Un jeune commercial se leva, regarda par la fenêtre du bureau et dit en montrant un espace paysager sous la fenêtre : « Il n'y a qu'à le faire là le bâtiment ! ».

Et là, ce n'était pas possible pour les anciens, parce qu'il y avait des massifs de fleurs, le pommier du japon qui fleurissait chaque année, le petit chemin goudronné qui aboutissait à l'ancien l'appartement du gardien...

8) Le petit caillou dans la chaussure
Le bon prince est celui qui permet, en supprimant les <u>*contraintes*</u> *et les exclusions, que chaque existant puisse s'épanouir à son gré.*   F. Jullien

Avant d'innover, pour préparer demain, il convient déjà de supprimer les mille **contraintes internes,** qui « viscosifient » les relations, les actions, qui engluent le présent !
Contraintes des comptables, des contrôleurs, des petits chefs, des informaticiens...
Tout système se détruit de l'intérieur, nul besoin de concurrents !

Il se détruit à coup de contraintes internes, alors que la seule contrainte tolérable devrait être celle de son CLIENT !
Mais on ne l'entend pas, son pauvre client, de par le bruit de fond des contraintes internes !
Comment les lever ? Simplement, de manière conviviale, mais fermement.

Le petit Patron, pas si naïf que ça, envoie, de temps en temps, à tous et à chacun un petit mot personnel, posté de telle façon qu'il arrive le samedi à la maison. D'abord parce qu'ainsi les opérateurs ont le temps de le lire tranquillement, ensuite parce qu'il est toujours valorisant de recevoir, devant son conjoint, un courrier de son Patron !
Ce petit mot dit en substance :
L'année dernière, grâce à vos efforts, à l'intelligence de tous, nous avons créé..., investit..., conquis..., donc tout va bien !

Mais je sais ce qu'est la vie, on est en forme, on a de bonnes chaussures, il fait beau, le chien frétille d'impatience pour aller se promener, mais, mais, il y a un petit caillou dans la chaussure, tout petit, même pas un gramme... Mais qu'est-ce qu'il est gênant ce petit caillou ! A chaque pas il se rappelle à nous, il gâche tout le plaisir de la promenade...

Tout est pour le mieux dans notre Fonderie, mais je suis sûr que tous vous avez **un petit caillou** qui vous gêne au quotidien : une procédure que vous ne comprenez pas ou dont vous doutez de l'utilité, une panne régulière qui rend autiste le service entretien, enfin quelque chose « qui ne va pas comme vous voulez ! ».

Arrêtez-moi dans mes tours d'usine, et ensemble nous regarderons, de manière conviviale, comment supprimer ces petits cailloux !

– Là, il faut être hyper réactif !
C'est à chaud qu'il faut convoquer le comptable, l'informaticien, etc... au pied des machines afin qu'il explique, qu'il justifie devant ses clients : les opérateurs (car ce sont eux qui le nourrissent !), le pourquoi, le bien-fondé de sa procédure !

Neuf fois sur dix, il est incapable de le faire... Alors simplement, sans autre forme de procès, mais avec un peu d'humour pour qu'il ou elle sauve la face, on déchire solennellement le document ! C'est simple, mais terriblement efficace, car légitime !

9) L'appel à l'intelligence collective
Exemple : lettre envoyée en janvier 2010 à tous les salariés :

INNOVONS pour « Faire vivre 600 familles à Hallencourt ! ».

Nous avons des alliages conducteurs, des alliages à hautes caractéristiques, un nouvel alliage aux propriétés antibactériennes, nous maîtrisons la fonderie sous pression (notre cœur de métier) laiton, cuivre pour les rotors ainsi que des procédés d'assemblage (surmoulage, soudure, rivetage, etc...).
Nous avons surtout un capital humain exceptionnel, un savoir-faire sans égal. Sur ces bases solides et les quatre thèmes identifiés comme porteurs d'avenir, engageons des groupes de réflexion pour nous placer sur ces marchés du futur :

SECURITE
Quel(s) produit(s) FAVI peut-on imaginer sur le marché en expansion des produits ou **systèmes de sécurité des biens et des personnes** ?

LOISIRS
Quel(s) produit(s) FAVI peut-on imaginer dans cette dynamique naissante de développement du **tourisme et des loisirs** ?

ENVIRONNEMENT
Quel(s) produit(s) FAVI peut-on imaginer dans la filière de **l'efficacité énergique et des ENR[K] en développement** ?

SANTE
Quel(s) produit(s) FAVI peut-on imaginer dans le domaine de la **santé, du pas souffrir, pas mourir, du vivre mieux** ?

Comment ? et Qui ?
Sur chacun de ces thèmes, constituez un ou des groupes pluridisciplinaires de 5 membres maxi, le Pilote de chacun de ces groupes définit avec ses membres ses règles de fonctionnement. Son but : proposer de nouvelles orientations de développement ou de produit.

Une réunion « Développement » tous les 2 mois sera l'occasion pour chacun des pilotes de présenter le résultat de ses travaux.
D'ici à deux semaines, choisissez un thème, devenez pilote, constituez un groupe.
Prochaine réunion le 9 mars.

Durée de ce projet ?
Sur une période de 6 mois, renouvelable.
Exemple de retombée de ce type de démarche effectuée dans les années 1990 : La fonderie avait un problème récurrent de dureté dans une partie fonctionnelle en U sur certaines pièces.

Après un appel du genre du document ci-dessus, un ouvrier qui avait démonté sa machine à laver pendant le week-end, avait constaté que les vis s'engageaient dans des clips en acier bleuté très dur. Il eut donc naturellement l'idée d'imaginer un clip en U qui garnirait l'intérieur de cette partie fonctionnelle, fixé par des griffes identiques à celles qu'il avait vu sur les clips de la machine à laver !

10) CAUTIC
La méthode CAUTIC est une grille de critères qu'une innovation doit avoir afin d'être acceptée sur le marché.

K ENergie Renouvelable

Ces critères sont regroupés en quatre familles :
1. Technique
2. Pratique
3. Identitaire
4. Environnementale

Pour chaque famille des sous-critères permettent de situer l'innovation et le type de nature. *(Voir sur le web)*

En un mot, c'est une méthode qui permet de révéler les obstacles qu'il y a entre l'innovateur, petit bonhomme seul et tout nu, et le marché demandeur de cette innovation.

Dans le cas de la fonderie, la méthode CAUTIC a été pratiquée au sujet des rotors à très haut rendement. Le résultat, inattendu, a révélé un syndrome de "l'Arlésienne", c'est-à-dire qu'un certain nombre d'entreprises prétendaient maîtriser la technique, sans être capables de fournir le marché.

C'est pourquoi la fonderie a investi dans une énorme machine, la plus grosse de l'usine, juste pour prouver aux gros donneurs d'ordres comme Siemens ou Alsthom, que l'on maîtrisait la production de rotors aptes à équipé des tramways ou les plus gros moteurs industriels.

Conclusion :

L'année 2010 est une année particulière :

– D'abord parce que d'après OSEO, cette année, la **moitié des chercheurs mondiaux seront en Chine !**

– Ensuite parce qu'à l'évidence, la décennie qui s'amorce va marquer un tournant décisif pour l'Occident : **la fin de la croissance par le manufacturier et les services associés.**

Seule l'innovation, mais l'innovation d'un autre type, **à côté**, peut nous permettre de défricher de nouvelles dimensions de création **de valeurs ajoutées non manufacturières** pour que ***nos enfants puissent continuer à travailler et vivre à Hallencourt !***

Le bon prince est celui qui, en supprimant les contraintes et les exclusions, permet que chaque existant puisse s'épanouir à son gré. Son agir sans agir, qui n'est pas ne rien faire du tout, revient à faire en sorte que les choses se fassent toutes seules.

Cette pensée de François Jullien résume parfaitement la démarche, que bien inconsciemment, en grande partie par paresse, le petit Patron mit en place.

Ainsi, chacun à son niveau est viscéralement convaincu que seule l'innovation permanente nous permettra de continuer à vivre dans notre village !

Notes

1- *Le dehors et le dedans*

LE COMITÉ DE DIRECTION :

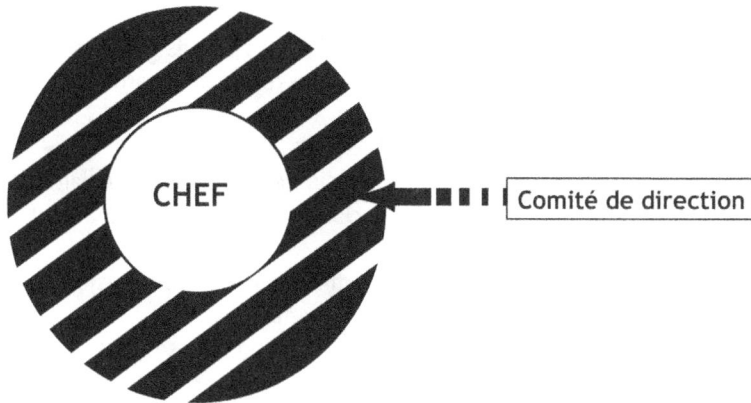

1) Ce pour quoi il a été créé
Tout d'abord le CHEF :
Le Chef, c'est une machine à écouter des signaux faibles, à les traduire en visions, puis à transformer ces visions en images partageables et ces images en stratégies possibles. Le rôle du comité de direction est alors d'aider le chef à préciser les stratégies, à traduire ces stratégies en plans d'actions, et surtout, son vrai rôle est d'ANIMER (animare = donner une âme) le process, en s'appuyant sur les images du Chef, pour mettre en musique les plans d'actions.

2) Ce qui se passe :
Le comité, considérant que le monde entier est composé de « X »[L] se comporte lui-même en « X » en constituant une cour tournée vers le Chef, instaurant des rites, et bloquant l'information pour se valoriser, au nom du vieil adage : « *Qui détient l'information détient le pouvoir !* »

Un de ses rites classique est la « réunion du lundi matin », où le Chef monarque réunit sa cour, pour se sécuriser dès le début de la semaine dans son rôle de Chef.
L'usine peut brûler, les clients être en panne, on n'interrompt pas la réunion du lundi matin !
Il me souvient d'un tel matin, où nous étions en arrêt de chaîne, sans nouvelles sur les livraisons, et où la brave secrétaire du Chef fournisseur m'expliquait qu'il était en réunion avec ses commerciaux et autres agents et qu'elle ne pouvait absolument pas le déranger !

[L] Référence à la théorie de Mac Gregor les "X" sont des personnes qui n'aiment pas le travail, et donc, doivent être contrôlés, voire menacées, afin qu'elles travaillent, elles préfèrent être dirigées car, elles n'aiment pas les responsabilités.

J'ai eu beau argumenter que s'il était en réunion avec sa force de vente, c'était assurément pour trouver de nouveaux clients, et que justement, j'étais ce don de Dieu que l'on appelle le client, et que la logique imposait qu'elle le dérangeât, sinon à défaut d'en trouver de nouveaux, ils allaient en perdre un !

Rien n'y fit !

Concernant le vrai rôle du comité : l'animation du process, cela se résume généralement en : « Le Chef a dit qu'il fallait baisser les coûts de x % ! » ou bien : « T'es arrivé 5 minutes en retard, on te retire 10 minutes de salaire ! », sans vouloir connaître la cause du retard, et comme si les gens faisaient exprès d'arriver en retard !

Dernière caractéristique du comité de direction dans les grands groupes, c'est qu'il est généralement constitué de gens brillants, donc pressés de faire carrière, et qui doivent donc obtenir des résultat immédiats.

Prenons un cas d'école tout à fait impossible :

– Celui d'un brillant esprit qui soit arrivé à convaincre son Chef qu'il fallait imposer aux fournisseurs une baisse des prix de 10% par an, pendant 3 ans, pour toute nouvelle affaire.

– Supposons que, par impossible, tous les fournisseurs, indélicats, majorent systématiquement leurs offres de 30 % pour toute nouvelle affaire !

– A court terme, le brillant esprit a raison, les prix d'appro baissent bien de 10 %
par an,

– Mais à long terme, surtout s'il y a souvent de nouveaux produits, la rentabilité globale s'en ressentira

Mais ce n'est pas grave parce que l'on aura du mal à en déceler la cause, et puis entretemps, le brillant esprit sera parti poursuivre son ascension ailleurs...

LE MANAGEMENT DE TERRAIN

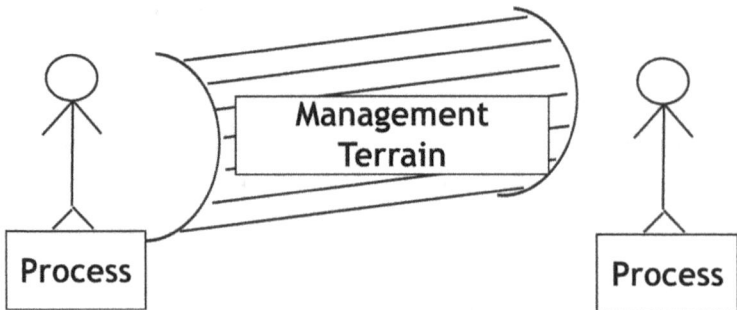

1) Ce pour quoi il a été créé :

Son rôle essentiel est d'assurer la coordination des commandes, des flux, des informations entre les deux process, et plus généralement de mettre de l'huile dans les rouages entre les deux process.

2) Ce qui se passe :
Le problème des improductifs est que généralement ils ont parfaitement conscience de leur improductivité, et ils vont donc, pour justifier leur fonction, inventer des règles compliquées de fonctionnement pour se rendre incontournables, et ce faisant, ajouter de la viscosité au système (cela d'autant plus qu'ils sont généralement mieux payés que les productifs).
Je ne prendrai qu'un seul exemple, mais il y en aurait mille :
Si un opérateur d'usinage découvre un défaut de fonderie sur une pièce brute, il est impensable qu'il aille directement voir son compagnon de la fonderie pour lui signaler le fait afin qu'il se corrige et qu'ensemble, ils isolent puis trient le lot litigieux, non !
Il faut que l'opérateur signale le fait à son chef d'équipe, qui préviendra son agent qualité, qui devra prévenir son chef de service qui... Tout cela remontera au chef de fabrication qui...
Et souvent le fondeur ne saura jamais qu'il a fait une pièce mauvaise, il verra seulement qu'une procédure a changé !

LA MEMBRANE INTERFACE AVEC LE DEHORS

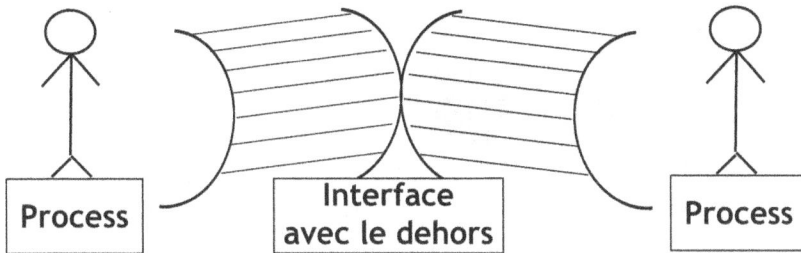

1) Ce pourquoi elle a été créée :
Son but est de porter les désirs, et l'image du client vers l'intérieur !

2) Ce qui se passe :
En face de la membrane interface avec le dehors il y a la membrane du client, et ces deux membranes improductives ont, elles aussi, à se justifier et de concerte !
Qu'est-ce que veut le client ?
En fait des choses simples :

Des pièces bonnes
Les bonnes pièces
Au bon moment
Au bon endroit
À un bon prix
Dans de bonnes conditions

C'est trop simple, beaucoup trop simple ! Alors les deux membranes vous inventent des ppm, des capabilités, des qualifications process, imposent des 6 sigma... bref, toutes choses incompréhensibles des opérateurs et qui n'empêchent pas de livrer en retard... Alors forcément cette entreprise « X » encourage l'homme à être « X », et gare à l'effronté qui relève la tête, il devient une menace pour le pouvoir des cercles.

3) L'ENTREPRISE « Y »

Dans cette entreprise, il n'y a pas de COMITÉ de DIRECTION, il n'y a pas de SERVICE du PERSONNEL, pas de MANAGEMENT de TERRAIN, pas de Planning, pas de GPAO^M, pas de Service Achats, pas de Directeur Technique, ni Chef de fabrication ou cadre en fabrication, pas de pointeuse ni de primes, il y a : au centre, **DES VALEURS PARTAGÉES** qui sont la traduction moderne de la notion ancestrale **de BIEN COMMUM !**

Au début, l'homme vivait seul et honorait de temps en temps une femelle qu'il abandonnait. Puis il vécut en couple, puis en groupe dont le ciment était un bien commun, (la grotte, un territoire...). Dans le système capitaliste tous les biens matériels appartiennent aux actionnaires, les salariés n'ont comme seul bien commun que des **VALEURS !** Et autour, directement : LE PROCESS

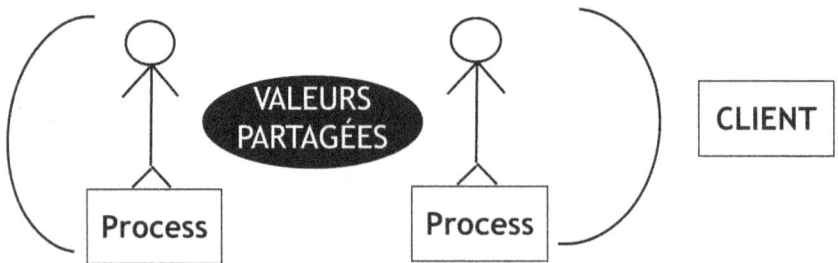

2- Les 5 démons

Ce sont les cinq pistes de recherche des causes des problèmes systématiquement explorées dans une démarche type WV. Ce sont :
• Les défauts
• Les retards
• Les erreurs
• Le gaspillage
• Les accidents

Les défauts potentiels peuvent être recherchés par une démarche type AMDEC[N].

Les retards sont analysés pour chaque étape du process sachant que le retard de livraison peut se respecter sans problème car il s'agit d'une volonté collective, et qu'il suffit de décider une fois pour toutes que **maintenant**, **tout de suite**, **immédiatement**, on ne livrera plus **jamais** en retard et que l'on respectera ses engagements quitte à travailler la nuit ou tout le week-end.

C'est ce que nous avons décidé en 1983 à FAVI et respecté depuis cette date.

Les erreurs résultent généralement des 3 MU :
• **MUDA** = gaspillage
• **MURI** = tensions entre les individus, les services (d'où l'intérêt de faire disparaître la notion de service au profit d'un process complet qui va de la matière première à l'expédition du client final)
• **MURA** = divergence entre l'appréciation par divers acteurs du même élément.

Les trois MU s'appliquent aux domaines :
• De la main-d'œuvre
• De la technique
• Des méthodes
• Du temps
• Des installations
• Des gabarits et outils
• Des matériaux
• Des stocks
• Du volume de production
• Du lieu
• De la façon de penser

N L'Analyse des modes de défaillance, de leurs effets et de leur criticité (AMDEC)

3- Le CEDAC

Outil de résolution de problèmes majeurs et chroniques, et de communication, reposant sur la fenêtre de JOHARRY, développée par Ryuji FUKUDA :

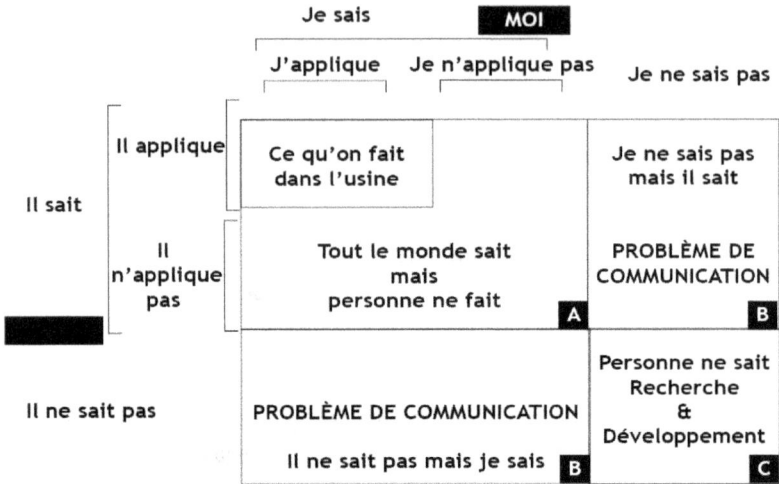

Cet outil valorise la zone B et permet, à celui qui ne sait pas, d'avouer honorablement son ignorance et, à celui ou ceux qui ont des éléments de réponse pour combler cette ignorance, de le faire de façon conviviale et structurée.

Ce dialogue s'articule autour d'une arête de poisson ISHIKAWA[O] classique qui pose le problème et sur laquelle chacun apporte, au cours du temps, un élément de solution par des post-its judicieusement placés. Le CEDAC prend toute sa valeur dans le cadre d'une démarche globale de type KAIZEN[P].

Cet outil n'est toujours pas utilisé à FAVI car il nous a permis de découvrir et de mettre en évidence la zone A où tout le monde sait mais personne n'applique, et nous pensons plus efficace de différer la mise en place du CEDAC tant que tout le monde ne fait pas tout ce que tout le monde sait.

Depuis 20 ans environ, nous ne travaillons que sur cette zone A, et à ce jour, nous considérons que nous n'appliquons toujours pas tout ce que tout le monde sait.

Cette même matrice nous a permis de réfléchir sur l'attirance curieuse vers l'inconnu (zone C) et de remettre en cause notre politique de Recherche et Développement.

O Appelé diagramme de causes/effets" ou "en arêtes de poisson", l'outil créé par l'ingénieur japonais Mr Ishikawa
P Le kaizen est un processus d'amélioration continue fondé sur des actions concrètes, simples et peu onéreuses.

4- Primauté du Loto au lieu de primauté de la loterie

C'est **le rêve** qui entraîne les gens.

La loterie est un jeu où tout le monde gagne peu et **personne ne rêve** !

Le succès du loto vient du fait que rares sont ceux qui gagnent mais ils gagnent très gros, et donc **tout le monde rêve de gagner** gros. Fort de cette évidence, nous n'avons à Favi que des *"règles loto"*. (voir notre trophée KAIZEN doté d'une voiture et notre système de récompense du présentéisme.)

Cette règle est l'une des règles de base de notre système et tout leader qui proposerait un principe de motivation basé sur la loterie sait d'avance qu'au nom de la cohérence de nos valeurs, sa proposition serait rejetée par principe.

5- La Conception à l'Écoute du Marché ou CEM type Shiba

La Qualité peut se définir comme la satisfaction des **BESOINS** du **CLIENT.**
Oui, mais qui est notre **CLIENT** ?
▶ Le P.D.G.?
▶ L'acheteur ?
▶ Le dessinateur de notre client qui a conçu le produit ?
▶ Le cariste qui décharge nos marchandises ?
▶ Le comptable qui gère nos factures ?
▶ L'opératrice de notre client qui monte nos pièces ?
▶ L'opérateur qui usine nos produits ?
▶ Etc...
Et si c'étaient tous ces partenaires à la fois.

Et, qui mieux que nous, nos commerciaux, nos ingénieurs ou techniciens d'étude, nos emballeurs d'expédition, nos opératrices et opérateurs, sont aptes à s'enquérir des besoins de leurs homologues ?

Et quels **BESOINS** ? Les explicites, bien sûr, mais surtout les non exprimés, les latents, les implicites porteurs de nouveautés en terme de produits et de services, ou de liens à inventer pour fidéliser nos clients.

COMMENT ?

Par une démarche structurée de conduite d'interviews, d'exploitation des résultats des entretiens et de passages à l'action pérennisés.

C'est l'un des seuls outils qui permet de passer directement du besoin du CLIENT au RESULTAT, en s'assurant de l'ENGAGEMENT des hiérarchies et de l'ADHESION des salariés des deux partenaires, CLIENT / FOURNISSEUR, puisqu'il repose sur du volontariat. C'est un outil simple, convivial, parfaitement adapté à notre culture judéo-chrétienne et redoutablement efficace.

6- Histoire de Fabienne
ou comment le petit Patron pousse ses salariés à se révolter !

Fabienne était une opératrice sur machine d'usinage, particulièrement dynamique et au caractère fort et bien trempé.

Elle était régulièrement élue pour représenter le personnel au sein du Comité d'Entreprise et devint l'animatrice et « rédactrice en chef » du journal interne, qui au cours du temps s'est appelé « le Petit Plus », puis « Favi Flash ».

Un jour, au cours des visites d'ateliers du petit Patron, il tombe en arrêt sur le poste de travail de Fabienne et sur un point de détail qu'il n'avait jamais perçu auparavant : Fabienne avait les poignets entourés de papier autocollant marron qui normalement servait à fermer les cartons.

Interloqué, il lui pose la question : - « Pourquoi ces manchettes improvisées ? » Elle répondit : - « Ben Monsieur le Directeur, ça a toujours été comme ça ! Comme cet alliage est très sec, il fait des petits copeaux piquants qui se glissent dans les manches ce qui est désagréable et gênant. » La colère le prend et haussant le ton, lui dit : - « Mais c'est inadmissible que vous acceptiez de travailler dans de telles conditions. Je ne comprends pas que vous, Fabienne, n'ayez jamais réagi et je vous interdis de continuer à travailler ainsi. C'est indigne de vous ! »

Immédiatement, il convoque par téléphone le patron de l'Entretien et le responsable du Bureau d'Etude automatisme au pied de la machine, et leur dit :

– « Vous avez la nuit pour faire quelque chose mais j'interdis que cette machine tourne tant qu'elle ne sera pas modifiée, et compte tenu des commandes, il faut qu'elle soit en état demain matin ! Interrogez Fabienne, à tous les coups elle a la solution au problème ! »

Ainsi fut fait et tout rentra rapidement dans l'ordre. Un samedi matin, alors qu'il avait oublié quelque chose au bureau, le petit Patron repasse par l'usine et par habitude fait un rapide tour d'ateliers et tombe sur Fabienne qui était en train de repeindre sa machine ! Il s'étonne de sa présence, et elle lui avoue que comme sa machine maintenant « marchait » mieux, elle avait envie que, en plus, elle soit belle et propre.

Sa démarche était spontanée et bénévole. Cette machine était devenue SA machine.

Cette histoire prouve encore que la recherche de confort sur son poste de travail est motivante, donc productive, et que nul n'est mieux placé que l'opérateur pour apporter des solutions, lui qui travaille huit heures par jour sur sa machine !

7- Théorie X et Y, la théorie Mac Gregor

L'Homme X & l'Homme Y

Un certain Douglas MAC GREGOR (1906-1964) a porté un regard dichotomique et manichéen sur les hommes en les classant en deux catégories : les Hommes X et les Hommes Y.

L'HOMME X

– Éprouve une répulsion naturelle pour le travail et va tout faire pour l'éviter,

– Il doit donc être dirigé, contrôlé, forcé, voire même menacé pour travailler surtout pour travailler en, et pour, une collectivité.

– Il préfère être dirigé et fuit les responsabilités.

Bref il est **MAUVAIS** : si on le laisse livré à lui-même il ne se rasera plus, ne se lavera plus, ne fera rien et cherchera les chemins de moindre effort.

L'HOMME Y

– Il lui est plus naturel de travailler que de se reposer ou jouer

– Le travail peut lui être une source profonde de satisfaction

– Sa motivation pour l'atteinte d'objectifs dépendra de la satisfaction qu'il attend de leur atteinte. Et la satisfaction qu'il retire d'avoir accompli une tâche nourrit sa motivation pour la tâche suivante.

– Pour ce faire, il est prêt à apprendre, à accepter, voire même à rechercher des responsabilités

Bref **L'HOMME EST BON** : si on lui ouvre des espaces de liberté, il les utilisera pour s'épanouir, fera travailler son imagination pour se fixer des objectifs nouveaux, et la reconnaissance de la collectivité *(ou de son chef représentant de toute la collectivité)* lui est une récompense suffisante.

MAC GREGOR prétend que si tous les hommes ne sont pas Y c'est parce que les pouvoirs en place dans les entreprises répugnent à ménager ces espaces de liberté, qui seraient une atteinte à leur propre existence, et que si les individus finissent par être passifs voire contestataires, c'est du fait d'expériences malheureuses dans les entreprises.

Nous ajouterons à ces considérations que :

– Tous les hommes sont égaux en termes de créativité et d'imagination, quelles que soient leurs cultures et formations.

– L'homme est comme on le considère : d'expérience ce ne sont pas les cocus qui deviennent jaloux, mais les jaloux qui finissent par être cocus.

ANML

8- Histoire du leader qui était redevenu spontanément opérateur et qui a supprimé une tête d'usinage sur deux sur les machines.

Histoire du leader qui était redevenu spontanément opérateur et qui a supprimé une tête d'usinage sur deux sur les machines ou La preuve que Mac Grégor a raison

En 1989, la Fonderie avait deux mini-usines dédiées à un client important, chacune d'elles s'étant spécialisée dans un produit de ce client. Il y avait donc deux leaders : Fabrice et Jean-Luc. Tous deux étaient sortis du rang, l'un avait un CAP de boulanger et l'autre un BEP de mécanique générale, et après quelques années de fonction d'opérateur sur machine, ils avaient été remarqués, reconnus et cooptés leaders. Arrive 1990, le premier effet « Saddam », d'où une période de morosité du consommateur, d'où une baisse de la consommation automobile, d'où baisse de la production, d'où auto équilibrage des opératrices et des opérateurs vers les mini-usines qui fournissaient des secteurs plus porteurs, d'où baisse des effectifs des mini-usines de Fabrice et Jean-Luc. Un jour, lors d'un des tours d'usine du petit Patron, ils l'arrêtèrent et lui dirent :
– « A l'évidence il n'y a plus assez de boulot pour deux leaders et deux mini-usines. La logique est de fondre nos deux mini-usines en une seule. Qu'en pensez-vous ? »
– « Eh bien je pense que vous êtes plus aptes que moi à juger de la situation et de ce qu'il convient de faire. »
– « Ok, mais comment allons-nous nous organiser tous les deux ? »
– « Honnêtement, je ne sais pas !
Vous n'avez pas démérité ni l'un ni l'autre, ce n'est pas de votre faute si régulièrement l'espèce humaine se comporte comme des lemmings (qui périodiquement se suicident en masse en sautant du haut d'une falaise) et qu'elle a pris prétexte de l'affaire Saddam pour stocker des pâtes, de la farine, de l'huile, du sucre et ne plus acheter de voitures ! Que faire ? À mon sens, commencez par reconstituer une seule mini-usine et réfléchissez tranquillement, il n'y a pas le feu ! » Quelques jours plus tard, ils l'arrêtent dans son tour quotidien et lui annoncent qu'ils avaient décidé d'être leader à tour de rôle par alternance de quinze jours, et que l'autre quinzaine, ils redevenaient opérateur ordinaire sur machine.
Ainsi fut fait pendant environ deux mois. Bien entendu il était évident que les salaires ne changeraient pas et la question d'ailleurs ne s'était posée ni dans l'esprit du petit Patron, ni dans le leur. Deux mois plus tard, celui-ci constate que depuis trois semaines, Fabrice est posté comme opérateur ! Il s'en étonne. De conserve ils lui répondent : « Non, ça n'allait pas ce système, les mecs étaient paumés, ce n'était pas un bon truc : il ne peut pas y avoir deux chefs ! » Et Fabrice de préciser : « On a demandé aux gens qui ils préféraient comme chef ; ils ont choisi Jean-Luc, j'ai donc décidé de redevenir opérateur à plein temps ! » Le petit Patron prit acte de leur décision, les félicita pour leur sagesse et précisa à Fabrice qu'il le remerciait au nom de l'ensemble des membres de la tribu, qu'il appréciait sa très grande honnêteté intellectuelle et que, bien entendu, si l'opportunité se représentait, il reprendrait l'animation d'une mini-usine. Il lui suggéra,

de plus, de profiter de cette période de retour à plein temps en production pour analyser, critiquer, améliorer les postes de travail où il travaillerait et qu'il lui accordait un crédit illimité sous réserve que, par respect pour les autres opérateurs, il fasse sa cadence quotidienne. C'est ce qu'il fit pendant près de deux ans, et il faisait même plus que la cadence moyenne de la mini-usine. Au bout de trois mois, tout en produisant ses 2000 pièces quotidiennes, il remarqua que pour faire un alésage H7, il y avait systématiquement deux têtes d'usinage : l'une dotée d'un foret, l'autre équipée d'un alésoir. Il s'enquit du pourquoi auprès du B.E. et bien entendu, il lui fut répondu qu'il était impossible en une seule passe d'obtenir la qualité de l'alésage ! Comme dans notre système il n'y a pas de service Achats, les représentants de fournitures extérieures traitent directement avec les leaders et parfois même avec les opérateurs. Donc Fabrice, tout en assumant ses productions quotidiennes, fit venir divers représentants et sous-traitants affûteurs et, en liaison étroite avec les uns et les autres, il fit des essais d'un foret alésoir à 2 étages qui permettait de faire les deux opérations en une seule. Ne sachant pas que cela était impossible, il y arriva ! Ainsi toutes les machines d'usinage furent-elles modifiées pour récupérer une tête sur deux pour toute opération d'alésage des fûts des fourchettes, qui sont fort nombreuses dans l'entreprise, car fabriquant quelques 100 000 fourchettes de boîtes de vitesses par jour, 100 000 fois par jour on procédait à une opération dorénavant superflue ! Curieusement cette idée fut soumise au Trophée Qualité mais le jury d'opératrices et d'opérateurs ne lui accorda qu'une faible reconnaissance. Explication de texte : Les Américains ont une formule qui leur est chère : « Il était un innocent qui ne savait pas que la chose était irréalisable, alors il l'a faite. » Il faut des B.E. bien sûr, mais souvent ceux-ci, trop spécialisés, sont prisonniers des impossibilités apprises. C'est une des règles de base du KAIZEN « C'est celui qui fait qui sait ! »

– D'où l'intérêt à donner le maximum de pouvoir à ceux qui font !

– D'où l'intérêt à ne pas avoir de structure en production car la structure est payée pour savoir, et se faisant, par simple instinct de conservation, interdit toute délégation de savoir !

Qui plus est, la structure est composée de gens qui sont allés à l'école, et qui donc ont appris les impossibilités !

Toute personne qui a appris un peu de mécanique sait que pour faire un usinage qualité H7, il FAUT un foret et un alésoir, donc aucun B.E. ne concevra une machine à une seule tête d'usinage pour ce faire !

Mac GREGOR, le chantre de l'homme « Y », systématiquement considéré comme bon, dit clairement que l'imagination créative est la même chez tous les individus, quelque soit sa formation ! Cette histoire prouve même que moins l'homme est cultivé, moins il connaît d'interdits, plus il progressera.

Autre exemple vécu : Lorsque l'on produit 100 000 fourchettes par jour, même si l'on n'a que 1 pour mille de pièces rebutées, cela en fait tout de même quelque centaine par jour. Afin de recycler ce métal, le B.E. avait conçu une machine pour faire sauter les rivets et désolidariser les parties en acier, revendues en ferraille, des parties en cuivreux, refondues. Démarche tout à fait logique : on démonte mécaniquement ce que l'on avait mécaniquement monté ! Sauf que, comme cette opération était pénible, un jour Eric, un opérateur d'usinage balança les ensembles à démonter directement dans un four :

le laiton fondant rapidement, il récupéra à l'aide d'une écumoire les parties en acier, bonnes pour la benne à ferraille !

Il est allé directement au résultat sans s'encombrer de démarche intellectuelle compliquée ! L'opération est cent fois plus rapide et atteint directement son but : recycler l'alliage cuivreux à moindre coût ! Cette innovation, à la base, par et pour la base, constitue l'essentiel de la démarche d'augmentation de performance des process de la Fonderie !

Le B.E. lui, a pour vocation l'augmentation de la performance des produits, en les remettant en cause, dans le cadre d'un cahier des charges, grâce à des logiciels permettant de simuler les performances des différentes évolutions possibles. Cette dernière démarche ne fait pas la différence dans la compétition industrielle, car toutes les entreprises ont les mêmes logiciels, les mêmes ordinateurs, voire les même ingénieurs, alors que toutes les entreprises n'ont pas l'intelligence d'accorder à leurs ouvriers et ouvrières la liberté de progresser à leur guise, d'agir librement sur leur environnement pour travailler plus CONFORTABLEMENT ! On remarquera que généralement, c'est la recherche d'un plus grand confort qui amène aux innovations productives majeures : Fabrice a supprimé une tête d'usinage parce que ça l'embêtait d'en régler deux, Eric a tout jeté dans un four car il trouvait pénible de travailler sur cette machine de désassemblage (démonter est toujours plus compliqué et pénible qu'assembler)

« Le confort est productif » est une des lois de base du KAIZEN

En résumé : Il y a trois niveaux d'innovation :
– organisationnelle (comment j'utilise mes armes)
– du produit ou du service (trouver de nouvelles armes)
– du process (fabriquer autrement mes armes)

L'innovation organisationnelle (comment j'utilise mes armes) est le fait du patron : c'est celle qui coûte le moins cher, qui rapporte le plus, mais que l'on a du mal à mettre en place car elle remet en cause la structure !

Exemple : en 2006 FIAT allait très très mal !

Le nouveau grand patron n'a pas licencié un seul ouvrier mais 6 000 cadres de fabrication qui avaient créé 6 000 chapelles nœuds de pouvoir !

En 2007 FIAT a été le constructeur automobile européen qui a progressé le plus ! ! Les 6 000 cadres mettaient de la viscosité dans le système, leur simple suppression à redonné de la fluidité !

L'innovation produit (quelles sont les armes nouvelles) est le fait de la structure : des ingénieurs avec des logiciels ; mais comme tout le monde a les mêmes ingénieurs et logiciels, la seule manière de se distinguer est de faire travailler les bureaux d'études et laboratoires en 2, voire 3 équipes, si besoin est.

Cela permet de répondre deux fois plus vite ou d'étudier deux fois plus que les concurrents, de plus deux cerveaux qui se succèdent sur la même étude ont une créativité trois fois plus grande qu'un cerveau seul.

L'innovation produit crée l'activité, pas la pérennité ni la richesse !

L'innovation process (comment je fabrique les armes) est le fait des opérateurs et opératrices qui ne peuvent passer à l'action que si l'on supprime toute structure en fabrication, puisque celle-ci, payée pour prendre des initiatives, interdit aux opérateurs d'en prendre !

Elle crée la pérennité et la richesse !

Dernier point : le bonheur n'est pas d'émettre des idées (surtout quand celles-ci sont jugées par la structure), le bonheur c'est de faire, de réaliser, de concrétiser soi-même ses idées d'action, sans filtre ni jugement d'autrui !

C'est un des points forts de la fonderie : la distinction entre l'idée et l'action.

La plupart des entreprises ont des bourses à idées :

– Les opérateurs qui ont une idée la décrivent dans un document

– Ce document est régulièrement examiné par un comité qui va chiffrer son coût d'application, combien elle rapporte.....

– Puis, si l'idée est retenue, elle sera mise en place par le service entretien par exemple

– Puis on vérifiera la justesse de l'amortissement prévu

– Puis on définira comment rétribuer l'idée

– Etc...

Bref, un truc compliqué, qui crée la suspicion au point que couramment on entend dire : « Moi je ne leur donne plus mes idées, car les Méthodes les bloquent et les ressortent 2 ans après en disant que c'est leur idée ! »

Dans la fonderie, on ne parle que des actions mises en place !

Comment ont-elles été mises en place? Peu importe, c'est la liberté et l'espace de liberté de chacun : ce peut être en dehors du temps de travail, pendant le temps de travail, en ayant pris de l'avance ou en s'étant débrouillé directement avec un gars de l'entretien ou de l'outillage...peu importe.

Quand l'action est en place, son auteur la décrit dans un document avec des photos par exemple, et chaque mois un jury qui n'est jamais le même, se réunit.

Ce jury de 9 personnes est formé comme ça, « en allant » : le petit Patron fait son tour d'usine et au hasard demande qui est libre, avec nécessairement une majorité d'opérateurs et opératrices.

Ainsi ce sont des opérateurs qui jugent des actions d'autres opérateurs !

L'action retenue permet à son auteur-acteur d'être nommé « Homme » ou « Femme » qualité du mois : il ou elle voit son nom gravé sur une belle plaque en laiton portée sur un blason en bois dans l'entrée de l'usine, comme dans le couloir du personnel.

En juillet de chaque année, tous les hommes et femmes « qualité du mois » présentent leur action à un jury soit avec des échantillons, soit avec une visite sur place dans l'usine ; ce jury, composé de personnalités extérieures à l'usine (professeurs, étudiants, journalistes, clients, fournisseurs...) vote à bulletin secret avec un huissier de justice, et 15 jours plus tard le jour de la fermeture pour congés, sur le parking trône une voiture toute neuve (qui à été exposée quelques mois auparavant dans l'usine) et solennellement l'huissier ouvre l'enveloppe et annonce « l'homme (ou la dame) qualité de l'année est.... »

Sous les applaudissements, le gagnant se voit remettre les clés et papiers du véhicule par un membre du jury (un client si possible, pour le flatter !) ; de plus il est le seul de toute l'entreprise à disposer d'une place de parking réservée à son nom. Voila un système simple, convivial qui n'a jamais amené, en 25 ans, aucune contestation, et puis une voiture c'est quand même autre chose qu'une prime de quelques centaines d'Euro !

Cette démarche est conforme à une des quelques règles simples garantes de la cohérence de la fonderie : LOTO et pas LOTERIE : La loterie est un système ou tout le monde gagne peu ; le loto permet à un seul de gagner gros et à tous de rêver de gagner, or c'est le rêve qui est moteur d'action ! C'est pourquoi il faut récompenser les actions mises en places et non les idées émises ! De plus, pour récompenser les opérateurs qui, sans qu'ils s'en rendent même compte, ont mis en place une action remarquable, chaque mois les leaders se réunissent et désignent un lauréat que l'on appelle en séance que l'on applaudit et félicite et qui se voit remettre une gratification de 1 000 € !

9- Le P.E.R.T.
(Program Evolution and Review Technique)

Le P.E.R.T est une planification d'un projet sous forme d'un réseau de tâches, avec liaisons d'antériorité, et une aide à la prise de décision, destinée à attirer l'attention des responsables sur :
– les problèmes qui risquent de freiner ou reculer l'atteinte d'objectifs,
– les actions correctives qui permettent de faciliter le respect des délais ou même de les améliorer.
Le P.E.R.T est particulièrement adapté aux travaux nécessitant la coordination de plusieurs intervenants (personnes et machines), ayant des contraintes strictes de délai. Ces travaux sont divisés en tâches dont certaines sont indépendantes et d'autres non.
Le P.E.R.T. propose une représentation graphique permettant :
– d'appréhender les tâches à accomplir,
– de déterminer le planning d'actions,
– d'évaluer l'influence d'un retard sur l'ensemble du programme.

BASE QUANTITATIVE DE LA METHODE

TACHE (ou opération) : c'est une action à réaliser pour atteindre un but. Elle est caractérisée par sa durée et les moyens qu'elle met en œuvre. Elle consomme du temps et des ressources.
Rédiger un rapport est une tâche. Représentation : →

ETAPE (ou événement) : c'est le jalon qui sépare deux tâches. C'est le commencement ou la fin d'une tâche. L'étape est de durée nulle et ne consomme aucune ressource. Représentation : ●
"Rapport terminé" est une étape.

TACHE FICTIVE : c'est une tâche de durée nulle et ne consommant aucune ressource. Elle représente, en général, une contrainte. C'est un artifice graphique permettant de représenter certaines dépendances des tâches. Représentation : ⇢

TACHE D'ATTENTE : c'est une tâche qui ne consomme que du temps.
Représentation : ❯
Exemple : après coulage, attente de refroidissement d'une pièce.

ELEMENT FONDAMENTAL DE LA METHODE P.E.R.T. : *"Le chemin critique"*.

C'est la chronologie des tâches pour lesquelles tout retard influe sur le délai final de l'opération car leurs dates au plus tôt et au plus tard sont identiques.
Ce chemin a la durée la plus courte pour arriver à la fin du réseau. Pour l'exemple ci-dessous, le chemin critique est constitué des tâches D, E, F, G, H, I, J, P et Q (la réfection de la pièce sera réalisée, au mieux, en 19 heures).

Les 4 règles pour la construction d'un réseau P.E.R.T. :

① Une tâche commence toujours par une étape et se termine toujours par une étape.

② L'étape, qui se trouve au début d'une ou plusieurs tâches, doit être produite pour que cette ou ces tâches puissent commencer.

③ Une étape ne peut être franchie si la ou les tâches qui précédent ne sont pas terminées.

④ Il n'existe pas de boucles ou de retours en arrière dans un réseau P.E.R.T.

Exemple : La famille a décidé de retapisser le salon. Comment s'y prendre ?

Tâche	Durée (heures)	Tâches précédentes	Tâches suivantes
A - Choix et achat du papier	1		B
B - Choix et achat de la peinture	0.25	A	C
C - Retour chez soi avec papier et peinture	0.75	B	G et K
D - Lessivage de l'ancienne peinture	1.5	E	
E - Rebouchage des trous sur ancienne peinture	0.5	D	F
F - Séchage rebouchage des trous sur ancienne peinture	2	E	G
G - Peinture 1ère couche	3	C et F	H
H - Séchage 1ère couche	1	G	I
I - Peinture 2ème couche	3	H	J
J - Séchage 2ème couche	1	I	P
K - Découpe du papier	1.5	C	L
L - Encollage du papier	1.5	K	P
M - Décollage de l'ancien papier	4		N
N - Rebouchage des trous sous l'ancien papier	1	M	O
O - Séchage rebouchage des trous sous l'ancien papier	2	N	P
P - Pose du papier	4	J,L et O	Q
Q - Finitions (dont découpe papier sur plinthes, nettoyage pièce)	1	P	

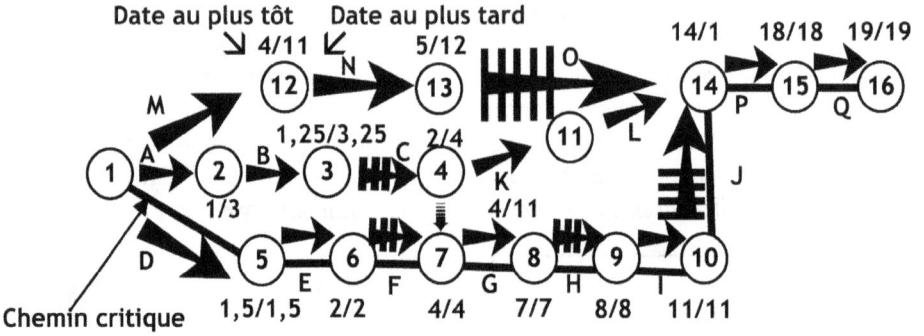

10- Le diagramme d'Affinités

Dans une démarche qualité, on a toujours besoin de hiérarchiser les informations pour les classer afin de mieux les exploiter (PARETO^Q, ISHIKAWA, etc...)

Jusqu'à présent, la démarche qualité concernait des éléments matériels tangibles (nombre de défauts, taille des défauts, coût des défauts, écart type,...) bref, des données numériques.

De plus en plus, on résonne en terme de « percées » (Breakthrough) ; des percées pour rompre les encerclements externes (concurrence, évolution des habitudes des clients) et internes (succès par exemple qui est le pire des ennemis comme l'habitude et la routine).

Or une percée ne peut pas réussir en respectant la logique, puisqu'alors "l'ennemi" sait que c'est là que nous allons tenter une sortie et nous y attenda.

Une percée ne peut être réussie que sur l'analyse d'éléments intuitifs, immatériels, non cartésiens.

De plus, on sait que le management de la qualité se fait par et pour les hommes. Or, les hommes ne se mesurent pas en millimètres ou en kilos, ils se mesurent en impression, en sentiment, en sensation.

Comment, alors, hiérarchiser des informations relevant de ce domaine immatériel des impressions, des sentiments et des sensations ? Tel est le but du diagramme d'affinités (aussi appeler KJ du nom de son créateur KAWAKITA JIRO).

Le diagramme d'affinités est un des outils du management de la qualité. Il permet de :
– Décrire et formaliser une situation qui a besoin d'être clarifiée,
– Passer de la perception individuelle d'un problème à son expression par le groupe avec une représentation structurée.

Les informations sont reproduites sous forme de diagramme parce que :
– Le classement par *affinités* fait ressortir un sens commun à un groupe d'idées,
– Monter les niveaux dans l'échelle d'abstraction permet de révéler le sens de ce qui est dit, voire de ce qui n'est pas dit.

Il sert à poser un problème en laissant notre côté "intuitif" se révéler au contraire des autres outils de la qualité qui suivent un raisonnement logique.

Ce n'est pas un outil d'analyses rigoureuses avec mesure de taux où chaque donnée entre dans une grille habituelle de classement, mais un outil qui permet d'obtenir les grandes tendances, les préférences, les préoccupations des individus.

Prenons un exemple : il existe de nombreuses matrices pour classer des « pêches » par ordre de taille, de poids, etc... Mais comment classer et hiérarchiser les types de perceptions ressenties par un groupe d'individus sur ce qu'est une pêche ou de toutes les perceptions possibles qu'un seul individu a des pêches ?

Et surtout en y intégrant le non-dit sous-jacent, qui dans le domaine de l'affectif, des sensations, est souvent plus important que l'explicite exprimé.

Q Le diagramme de Pareto est un graphique représentant l'importance de différentes causes d'un phénomène relativement à leurs effets.

En effet, certaines personnes trouvent les pêches sucrées, ou très sucrées, plutôt roses comme une peau de femme, d'autres leur trouvent une peau velouté qui rappelle une peau de bébé, d'autres assimilent pêche avec soleil et vacances : « La couleur de la pêche ressemble à un coucher de soleil un soir d'hiver sur un lac enneigé » ou bien encore « La pêche a un goût d'été, de vacances. C'est le fruit du soleil ».

D'autres retiennent le croquant, le goût acidulé du jus, la fraîcheur qu'elle procure. D'autres encore soulignent qu'une pêche c'est doux par la peau, moelleux ensuite par la chair et enfin dur au centre par le noyau.

D'autres .....

Le diagramme des affinités permettra donc de classer et de hiérarchiser toutes ces informations pour les exploiter.

Le diagramme des affinités peut se définir par un classement des informations affectives et sert à identifier des besoins invisibles.

Le diagramme d'affinités est un outil d'aide au classement et à la hiérarchisation d'informations verbatim (= non numériques). Il sert à identifier le sens de faits épars et parfois à révéler un sens invisible au premier abord.

Par exemple, que vous évoque le mot pêche ?

> La pêche est plutôt rose comme une peau de femme

Toutes les informations émises sont retranscrites sur des post-it, en se bornant à un nombre autour de 20.

Rédaction des post-it : il faut écrire **un fait** par post-it en une phrase courte complète (sujet, verbe, complément) et en caractère d'imprimerie.

On procède ensuite à la lecture des post-it, ce qui permet de s'imprégner des idées exprimées et de s'assurer que tout le groupe, qui participe à l'élaboration du diagramme (généralement 2 à 4 personnes), en comprenne bien le sens et, si cela n'est pas le cas, pour en discuter et au besoin pour corriger les post-it. Une fois ce travail effectué, tous les post-its ont la même signification pour tous.

Il faut ensuite regrouper les post-it (trois maximum), en ***ne se laissant guider que par son intuition*** et surtout pas par la logique

Les post-it restant seuls se nomment les loups solitaires.

Une fois ce regroupement terminé, le groupe donne un titre à chaque sous-groupe en écrivant une phrase courte en rouge sur un post-it, qui synthétise l'ensemble des post-it regroupés. Le titre concrétise le niveau d'abstraction immédiatement supérieur à celui des post-it individuels.

La pêche s'habille d'une robe
rose et velours

La pêche est plutôt rose comme
une peau de femme

Les bébés ont un teint de pêche :
rose et velouté.

Une pêche c'est doux au toucher,
c'est comme du velours

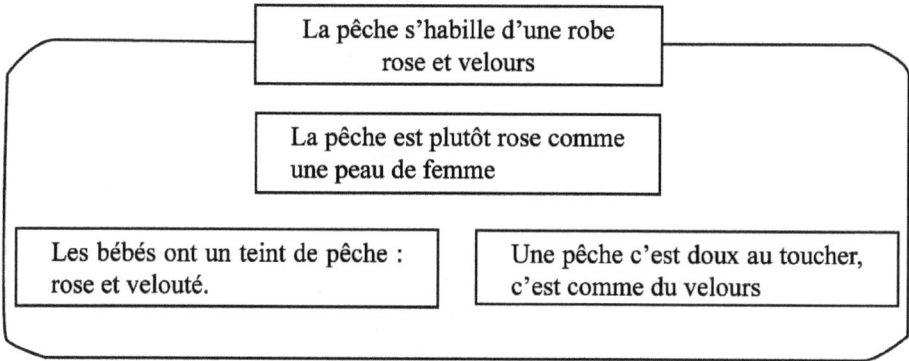

Le groupe procède à un deuxième niveau de regroupement, à partir des titres rouges, et pour chaque regroupement de deuxième niveau, le groupe écrit un titre bleu en appliquant les mêmes règles que précédemment.

11- La belle histoire de Dominique le successeur
ou La roue qui tourne

Dominique est entré à FAVI tout jeune homme, en 1983, avec un simple Baccalauréat technique en poche. Il a été affecté quelques années au Bureau d'Etude, et dans ses tours d'usine, le petit Patron avait cru déceler en lui ce don qu'est « la bosse du commerce » ! Il lui avait donc proposé un essai au service commercial, essai parfaitement transformé et il commença rapidement à gérer de gros dossiers ; de plus, il se révéla un excellent animateur de sa, puis de ses Mini-Usines. Ressentant des lacunes dans sa formation, spontanément il suivit avec succès des cours du soir auprès de l'I.S.A.M. local (Institut Supérieur d'Administration et Management). Très vite le petit Patron le repéra comme son successeur potentiel, sans le lui dire, bien entendu, mais en faisant valider son choix par quelques vieux cadres et surtout par le Grand Patron auprès duquel il l'envoyait de temps en temps sous des prétextes divers. Dominique avait d'autant plus le bon profil que, hormis ses qualités personnelles, il présentait deux avantages complémentaires :
1) Il avait 20 ans d'écart avec le petit Patron, et donc il pourrait assurer le pouvoir pendant une longue période, chose indispensable dans ce mode de management.
2) C'était un homme de métier, bien plus que le petit Patron qui était essentiellement un charismatique, un bateleur, et il est une règle qu'il connaissait de longue date : il faut que les patrons qui se succèdent n'aient pas le même profil pour éviter que la meute fasse des comparaisons, et l'idéal est qu'à un patron charismatique succède un homme de métier !
Le temps passa et la soixantaine approchant, le petit Patron fit part à sa Présidente, charmante et compétente (veuve du Patron décédé de façon grandiose, à l'image de toute sa vie, en l'an 2000) de son intention de se retirer pour s'occuper de ses merveilleuses petites filles, ses ULM, pou du ciel et autres motos.
Elle lui fit alors comprendre que comme elle ne connaissait que lui, elle envisageait de vendre, puis laissa passer quelques jours avant de lui proposer de mettre en place son successeur, et de rester encore quelques années, pour lancer la montée en cadence des moteurs électriques comme ultime projet. Solution simple et intelligente qu'il accepta. Il fit donc venir Dominique courant octobre 2003, lui exposa ce projet en l'informant que, de longue date, il l'avait repéré comme son successeur, et que d'ailleurs c'était pour cela qu'il l'avait parfois envoyé à des colloques ou journées d'information sans rapport direct avec sa fonction. Dominique tomba des nues, refusa tout net la succession en lui disant qu'il ne se sentait pas capable de succéder à un « Dinosaure » comme lui !
Il le pria de laisser passer le week-end et de réfléchir.
Le lundi suivant il confirma son refus, ce à quoi le petit Patron répondit : « Mon Bon Dominique ni vous, ni moi, n'avons le choix ! Nous sommes les otages du devenir et du bonheur de six cents familles, et quand on est otage... on ferme sa gueule ! » Ce à quoi il répondit : « Ah bon, si c'est comme ça ! » Le petit Patron fit donc un dernier discours le matin du 24 décembre 2003 en annonçant que le chef serait Dominique à partir du 1er janvier, et qu'il ne descendrait plus jamais dans l'usine ! Personne n'y crut, et pourtant il tint parole : il n'est plus jamais descendu faire son tour d'atelier ! Il rencontre

encore ses chers opératrices et opérateurs sur le parking en arrivant ou partant mais sans plus, et souvent quand ceux-ci lui posent une question il répond : « Voyez Dominique, lui sait, moi je ne sais plus ! » Chose curieuse, lui qui toute sa vie a vouvoyé tout le monde (à part Michel et Hervé qu'il connaît depuis quelques décennies), s'est mis du jour au lendemain à tutoyer tout le monde ! Sans doute a-t-il fait un transfert affectif : privé de ses contacts quotidiens, il a tenté de raccourcir la distance avec sa meute d'une autre manière. Depuis quatre ans déjà Dominique assume tous les pouvoirs, en parfaite cohérence avec notre système, puisqu'il n'a connu que celui-là ; il le fait évoluer certes, mais toujours dans la cohérence, et le petit Patron reconnaît qu'il est bien meilleur que lui car mieux adapté à l'évolution des temps, des mœurs et des relations !

Le petit Patron est fait pour un monde où on se parle, on négocie, on marchande, on aime ! Dominique est adapté au monde où on envoie des e-mails, échange des tableaux Excel, ce qui ne l'empêche pas d'aimer sincèrement nos opératrices et opérateurs. Il fait l'amitié de régulièrement demander l'avis du petit Patron, mais il fait bien ce qu'il veut et il a bien raison ! Le petit Patron essaye d'appliquer avec lui ce qu'a fait le grand Patron avec lui-même : « Je ne suis pas d'accord avec ce que tu dis, mais si tu y crois, fais le ! »

12- *La belle histoire des moteurs électriques*
ou Comment laisser de la chance au hasard

Grâce à la vision de M. Moussa (voir la belle histoire des fourchettes, Tome 1), La Fonderie était arrivée à fournir 20 % du marché européen, chiffre qui leur paraissait extraordinaire car ils ne pouvaient penser qu'un jour, leur sérieux collectif les amènerait à alimenter près de 50 % de ce marché ! Toujours est-il qu'avec Michel, le commercial qui avait démarré les fourchettes avec lui quinze ans plus tôt, le petit Patron, pas trop naïf tout de même, se dit qu'il était temps de trouver d'autres marchés ; d'une part, parce qu'étant arrivés à fournir 20 % de la fourniture européenne, ils pensaient ne pas pouvoir faire plus, voire même commencer à être attaqués et donc à perdre des marchés ; d'autre part, parce que l'histoire de la Fonderie étant faite de mutations : du réchaud à alcool au siphon de lavabo, puis du siphon de lavabo au compteur d'eau, enfin du compteur d'eau à la fourchette, il semblait donc urgent de préparer la prochaine évolution. Ils ont commencé, tous deux, à chercher des produits. Ce ne fut pas un succès car il n'y avait apparemment aucun gain technique à apporter, ni marge à dégager.
Puis, ils pensèrent à des sauts technologiques : les noyaux destructibles en premier. Il faut savoir que l'injection d'alliages cuivreux à 1000°C, de par les températures, les pressions (jusqu'à 1000 bars), les vitesses (50 m/s) mises en jeu, contraint à utiliser des noyaux métalliques démoulables, donc des formes géométriques limitées.
Par exemple en Allemagne, les compteurs d'eau disposent de corps de compteur « joufflus » et le marché allemand n'accepte pas de corps cylindriques à noyaux démoulables, c'est pourquoi cette recherche pouvait ouvrir de nouveaux marchés. Avec Gilles, un jeune ingénieur diplômé de l'Ecole Supérieure de Fonderie, ils consacrèrent un an en essais divers avec différents matériaux, toutes sortes de sables, des géopolymères, des noyaux en verre même, avant d'abandonner faute de résultats industriels.
La deuxième piste fût la tentative d'injection d'alliages de bronze pour satisfaire le marché américain. Il faut en effet savoir qu'en Europe, la plupart des pièces en contact avec l'eau sont en alliages de laiton (cuivre + zinc). Lorsque les premiers américains débarquèrent du May Flower, sur la côte est, ils découvrirent un type de corrosion très particulier des laitons et très localisé dans cette région, qu'on appelle la dézincification. En effet, ses eaux riches en chlore et faiblement chargées en calcium provoquaient la dissolution spécifique des atomes de zinc, laissant une masse spongieuse de cuivre non étanche et fragile. Ainsi, très rapidement, l'usage de bronze (cuivre + étain + plomb) s'était généralisé sur la côte Est, et bien que ce type de corrosion soit très limité, la normalisation américaine avait imposé le bronze pour toutes les pièces en contact avec l'eau.
Ils firent donc une campagne d'essais, toujours avec Gilles, et un an après, étaient arrivés à de bons résultats qui permettaient d'espérer des marchés. Grâce à un agent particulièrement dynamique que la fonderie avait à l'époque aux Etats-Unis, le petit Patron obtint différents rendez-vous et notamment avec un fabricant de SPRINKLER fortement intéressé par ses prix, bien inférieurs aux prix des pièces issues de la fonderie sable de faible productivité. Il lui proposa un contrat pour la fourniture d'un million de pièces par mois ! Il ne sait pourquoi, peut-être impressionné par la quantité, le petit Patron lui proposa la fourniture

d'un lot d'essai de 10 000 pièces avant la signature du contrat. Et là, à leur grande surprise, ils constatèrent qu'à partir de 5 000 injections, les moules subissaient une érosion galopante qui les rendait rapidement inutilisables ! Ils n'avaient pas pu constater le problème car, à chaque essai afin de tester les matériaux, les poteyages, les formes d'attaques, ils réalisaient environ 3 000 à 4 000 injections, avant de passer à une autre validation ! Bref, ils eurent beaucoup de mal à réaliser la présérie promise de 10 000 pièces, mais cet échec leur fit comprendre qu'il fallait sortir des systèmes classiques d'approche de la diversification et trouver un nouveau mode. A cette époque, le petit Patron s'était retrouvé, bombardé par la DRIRE, président du M.F.Q. Picardie, ce qui lui fit découvrir un nouveau réseau ; il fit notamment connaissance d'un certain Bertrand Jouslin de Noray, un être générant un autre type de réflexion, qui lui-même lui fit découvrir le professeur SHIBA, professeur et doyen de l'université de Stukuba et au M.I.T. et qui venait de temps en temps donner des cours en France.

Comme à son habitude, il alla suivre plusieurs fois les mêmes cours et ainsi se fit repérer par le professeur Shiba qui le prit en amitié. Un jour à table pendant la pause de midi, celui-ci l'interrogea sur son approche de l'innovation et lui offrit un ouvrage en anglais qu'il avait commis, dans lequel, en quelques pages, il présentait une méthode pour faire une percée qui soit tout à la fois novatrice mais centrée sur son métier. Fort de cette méthode, le petit Patron organisa des groupes de réflexion transdisciplinaires et transgénérationnels à FAVI. Pour faire simple, la méthode consiste à s'interroger en groupe sur son métier, sur une manière de le décomposer en entités élémentaires (par produits, par marchés, par techniques...), puis pour chaque entité, à lister les éléments empêchant une expansion (coût de la matière ou de l'énergie, défauts inhérents au produit ou à la technique, etc...) puis, toujours en groupe et par réunions espacées d'environ une semaine pour permettre le temps de la réflexion, imaginer ce qui se passerait si les éléments négatifs étaient supprimés (énergie gratuite, main d'œuvre gratuite, etc...) Et de fait, quand on joue à ce jeu-là, où l'on part d'abord dans une réflexion restrictive puis dans une réflexion onirique ouverte, il y a toujours quelqu'un qui percute, mais forcément dans un périmètre intimement lié au métier de la collectivité.

Dans ce cas-ci, ce fut Dominique (son futur successeur) qui percuta en disant :

– « C'est curieux, au cours du temps, nous avons développé des alliages qui résistent à la corrosion, qui ont un grand allongement, une bonne résistance au frottement et à l'usure, une grande dureté, une grande aptitude au polissage, etc..., mais on ne s'est jamais occupé d'exploiter la grande conductibilité électrique des alliages cuivreux. » Fort de cette évidence, le petit Patron demanda à Claude, le chef de fonderie, d'injecter quelques pièces en cuivre pur. Il n'y réussit point ! D'une part parce qu'à peine fondu, le cuivre s'oxyde rapidement, perd sa conductibilité et devient pâteux donc difficile à injecter ; d'autre part parce que la chaleur de mise en œuvre (1300°C) faisait que les outillages se dégradaient rapidement. A tout hasard, il fit faire une étude par l'ARIST pour voir si quelqu'un au monde injectait du cuivre pur, la réponse fût négative ! Alors, il convainquit Claude d'abandonner sa fonderie à ses leaders et de prendre tous les moyens qu'il souhaitait, tant humains que matériels, pour arriver à mettre en œuvre du cuivre pur, sans perdre de sa conductibilité.

– « Pourquoi faire ? » lui demanda Claude.

– « Je ne sais pas encore, mais si on arrive à faire quelque chose que personne ne sait faire, forcément on gagnera de l'argent.", lui répondit le petit Patron

– « Pourquoi ne pas donner ça à un jeune ingénieur ? »

– « Parce que je pense que vos trente ans d'expériences en fonderie, pour ce genre d'innovation, sont plus utiles que les connaissances d'un ingénieur ».

Ainsi fut fait, et après trois ans d'efforts à plein temps, Claude réalisa l'impossible ! En fait ce n'était pas Claude seul, c'était toute l'entreprise qui avait atteint ce but, car bien des « combines » furent données par des fondeurs se rappelant qu'il y a dix ans, tel poteyage avait donné tel effet, ou tel outillage avait bien résisté au choc thermique, etc... Un ancien de 85 ans, père d'un fondeur, fut appelé en consultation ; en leur expliquant les difficultés qu'ils avaient connues, il y a quelques cinquante ans, pour passer de 600°C (température de fusion de l'aluminium) à 1000°C (température de fusion des laitons), il leur ouvrit de nouvelles voies de réflexion par des remarques aussi simples que : « A l'époque, on avait même envisagé des moules en béton ! » Il est certain que si ils arrivèrent à maîtriser un process à 1300°C, c'était certes grâce aux trente ans d'expérience de Claude, mais surtout, surtout, grâce à leurs cinquante ans d'expérience collective du travail à 1000 °C. En attendant, ils n'avaient pas de marché ! A l'époque déjà, d'autres patrons faisaient l'amitié au petit Patron de lui demander de témoigner de son système de management sans structure basé sur des valeurs. Ce faisant, il était parti faire une conférence d'une journée en Moselle, et à la pause du midi, déjeunait à côté du patron de GRÜNDFOS France. Tout naturellement, ce dernier s'enquit de son métier, et quand le petit Patron lui apprit qu'ils injectaient des alliages de cuivre, il lui demanda s'ils savaient injecter du cuivre pur à haute conductibilité.

Il s'étonna de sa réponse positive car il avait fait réaliser, lui aussi, une étude dans le monde entier et cette étude avait révélé que personne n'était capable de maîtriser l'injection du cuivre pur de façon industrielle. Le petit Patron insista sur leur capacité à le faire, et lui raconta l'histoire et les quelques trois ans d'essais préalables à leur succès. Son interlocuteur lui expliqua alors que depuis les années 1920, des théoriciens avaient prouvé que si on remplaçait l'aluminium par du cuivre dans les cages d'écureuils des rotors, on gagnait énormément en rendement comme en couple, à telle enseigne que GRÜNDFOS utilisait des rotors réalisés en mécano soudé : ils enfilaient des petites barres de cuivre dans les encoches de la masse rotorique, puis les sertissaient et les soudaient aux deux bouts dans des flasques. Ces opérations étaient coûteuses et généraient un nombre élevé de pièces non-conformes ; donc, si l'on pouvait surmouler ces masses rotoriques directement avec du cuivre à haute conductibilité, on aurait un meilleur remplissage des cavités, un contact intime entre les anneaux et les barres, donc de meilleurs rendements pour un prix plus faible.

Le petit Patron lui proposa alors de faire quelques essais et dans la semaine qui suivit, GRÜNDFOS leur fit parvenir quelques masses rotoriques que la fonderie leur renvoya surmoulées en cuivre. Dans les deux jours qui suivirent l'expédition, le client appela le petit Patron en lui demandant de venir le plus tôt possible à Saint-Avold où se trouvait leur laboratoire.

Dès le lendemain, le petit Patron était à pied d'œuvre avec Michel, et là, on leur fit constater qu'une pompe normale équipée d'un rotor en cuivre mécano soudé débitait

100, et que la même pompe équipée du nouveau rotor débitait 150. Bien entendu on leur posa une question simple, mais compliquée pour eux : « Pourquoi ? »

Sur le chemin du retour, avec Michel, ils se rappelèrent une histoire qui leur était arrivée quelques années auparavant : au nom du quatrième principe de la péripatéticienne (voir fiche n°40 Tome 1), la Fonderie n'augmentait plus ses prix depuis quelques années mais commençait à avoir des problèmes de coût, car à l'époque, l'inflation se situait au dessus de 5 % ; il fallait donc baisser le coût des produits. Ils avaient allégé une fourchette et avaient constaté, avec les moyens de l'époque, que cet allègement provoquait une déformation de la pièce mais ils n'arrivaient pas à situer à quel endroit précis, ni son amplitude. Un après-midi qu'ils phosphoraient autour d'une pièce moulée en cire, le soleil donnait dans le bureau, et « ch'magnieu d'crayons » (le comptable en patois picard), passant dans le bureau, prit la pièce en cire qui avait un peu ramolli et, jouant avec elle, leur dit :
– « Hé les grosses têtes, on voit bien où elle plie votre pièce ! Regardez ! ».

Effectivement, on percevait parfaitement l'endroit et l'amplitude de la déformation. Après avoir nervuré cette zone, tous fiers, Michel et le petit Patron étaient allés présenter cette modification au client, en demandant une évolution du tracé de la pièce assortie d'une baisse de prix.

Très fiers de leur découverte, ils avaient raconté l'histoire de la pièce en cire rendue malléable par Phébus ; en l'entendant, un jeune ingénieur leur dit de façon péremptoire, comme seuls les jeunes savent l'être :
– « C'est bien, votre truc ! Mais ça doit pouvoir se calculer par ordinateur ! ».

Chose incompressible au début des années 80, époque où aucune notion de conception assistée par ordinateur n'existait !

Sur le chemin du retour, ils s'arrêtèrent d'abord à l'UTC de Compiègne où ils avaient quelques relations avec des métallurgistes amis, leurs racontèrent l'histoire puis leur demandèrent s'il était possible d'améliorer un produit avec un ordinateur. Il s'avérait qu'à l'époque, l'UTC avait récupéré un chercheur de la NASA ayant participé à l'étude du LEM[R], et ce dernier était, avec son équipe, en train de développer en secret, bien avant tout le monde, un logiciel de CAO ; il cherchait donc une petite entreprise pour le tester discrètement avant de le mettre sur le marché. C'est ainsi que la Fonderie fit de la CAO bien avant ses grands donneurs d'ordres automobiles.

Revenant de Saint-Avold, ils s'arrêtèrent ensuite à Amiens pour exposer leur problème au directeur de l'ESIEE (École Supérieure d'Ingénieurs en Electronique et Electrotechnique) et pouvoir répondre à la question posée par le patron de GRÜNDFOS, à savoir : pourquoi obtenaient-ils un bien meilleur rendement par leur technique que par mécano soudé? Le Directeur fit venir un jeune professeur qui leur expliqua des choses incompréhensibles pour eux, métallurgistes mécaniciens.

Rapidement le petit Patron l'arrêta dans ses propos et lui proposa de travailler à temps partiel pour eux, en créant un laboratoire qui appartiendrait à la Fonderie mais qui serait situé dans les locaux de l'école pour bénéficier de la synergie intellectuelle propre à tout milieu universitaire. Ce qui fut fait, et pendant six ans, l'entreprise eut une équipe de quatre ingénieurs étayée par quelques étudiants thésards, ce qui lui permit de comprendre le pourquoi de certains résultats et de l'expliquer aux clients potentiels. Très

---

R Lunar Excursion Module

rapidement, par les communications réalisées par ces ingénieurs dans des congrès, le monde entier sut que quelqu'un maîtrisait cette technologie particulière de façon industrielle. Ce faisant, tous les fabricants intégrèrent les caractéristiques apportées par le cuivre dans leur logiciel, et de par leur taille (Siemens doit être plusieurs milliers de fois plus gros que la Fonderie), devinrent forcément plus compétents qu'eux en théorie. Le laboratoire n'avait plus lieu d'être ; c'est pourquoi, après six ans d'existence, la Fonderie rapatria quelques machines d'essais dans son propre laboratoire et, tout en gardant d'excellentes relations avec l'ESIEE, et libéra les locaux.

Le Professeur Shiba dit quelque part qu'il faut laisser des chances au hasard, et de la chance nous en avons, car les accords de Kyoto ont révélé au monde entier le problème de l'effet de serre lié à l'activité humaine, et les conséquences climatiques et démographiques catastrophiques qui attendent nos enfants si nous ne limitons pas notre consommation en énergie.

Les statistiques prouvant que 70 % de la consommation énergétique des entreprises passent par des moteurs électriques et que sur un plan domestique, le froid, au sens large, représente 30 %, et le simple accélérateur de chauffage central 15 % de la consommation familiale, un train de mesure est dans le tuyau dans tous les pays du monde, dans bien des secteurs pour imposer les moteurs à haut rendement à l'horizon 2007-2010.

Cela d'autant plus que si toutes les entreprises d'Europe, et seulement les entreprises, étaient équipées de cette génération de moteur, cela permettrait d'atteindre 25% des objectifs de KYOTO ! !

En conclusion, cette démarche a été faite « en allant » de façon apparemment incohérente, non programmée, ni pilotée. Quelle fut l'intelligence collective ?

1°) De sortir des chemins traditionnels du marketing

2°) De partir d'une matrice intellectuelle sans but précis

3°) D'avoir fait effectuer la recherche et la mise au point par un homme de Fabrication et d'expérience et non par un jeune ingénieur débutant

4°) D'être allé au bout de la recherche sans marché précis, uniquement en partant du principe que si on faisait quelque chose d'unique au monde, forcément on gagnerait des sous

5°) De s'être appuyé non pas sur la connaissance de quelqu'un, mais sur la connaissance et la culture collective du travailà 1000°C depuis 50 ans

6°) D'avoir trouvé un marché par hasard parce qu'ils sortent beaucoup (seul ceux qui sortent s'en sortent)

7°) D'avoir eu recours à des compétences et intelligences universitaires locales pour crédibiliser la percée

8°) D'avoir su arrêter cette action quand cette compétence commençait à faire ombrage à la compétence interne des clients.

Comme d'habitude, on décrit une chronologie de façon cohérente a posteriori. Chronologie d'évènements qui se sont déroulés de façon incohérente car non prémédités, uniquement guidés par une notion de métaction (voir fiche n° 76 Tome 2) et donc de réaction immédiate comme par un gros bon sens (voir fiche n° 48 Tome 2), tout cela « en allant. »

Leader mondial en fonderie
sous-pression d'alliages cuivreux

Automobile   Pièces   Rotors   Notre entreprise   Nos moyens   Contact   Votre besoin
              techniques

Notre métier: Concevoir, optimiser, fondre, usiner et assembler toute pièce en alliage cuivreux

Pourquoi choisir un rotor
à cage cuivre surmoulé ?

ATOUT n°1 : Respect des nouvelles normes de rendement IE
ATOUT n°2 : Retour sur investissement
ATOUT n°3 : Diminution des rejets de CO_2
ATOUT n°4 : Allongement de la durée de vie du moteur
ATOUT n°5 : Réduction de la taille du moteur et de sa masse

Rotor FAVI : du haut rendement
pour la Planète!

Une technique et un alliage
adaptés à votre besoin

FAVI LAUREAT DU TROPHEE
QUALITE PSA 2010

C'est dans le cadre de la sixième édition des
Suppliers Awards 2010 que le groupe PSA
Peugeot Citroën remet à FAVI son Trophée
Qualité 2010.

FAVI, 50 ans d'expérience dans la fonderie sous-pression d'alliages cuivreux.

Installée à Hallencourt depuis 1957, FAVI s'est spécialisée dans la conception, le développement et
la production de pièces en alliages cuivreux ou de sous-ensembles mécaniques. Forte d'un effectif
de 500 collaborateurs, elle s'est hissée au rang de leader européen dans la fourniture de fourchettes
de boîtes de vitesses et innove régulièrement pour anticiper les besoins de ses clients. Entreprise
soucieuse de l'environnement, son dernier développement, le rotor à cage cuivre surmoulé, se
destine aux moteurs à haut rendement.

Bibliographie..

Un véritable concentré de sagesse et d'efficacité...
à déguster sans modération !

■ *La Belle Histoire de FAVI...*
L'entreprise qui croit que l'Homme est bon.

– Tome 1 "Nos belles histoires", Humanismes & Organisations Éditions Paris, 2013, Collection Management.

– Tome 2 "Notre management et nos outils", Humanismes & Organisations Éditions Paris, 2013, Collection Management.

www.ingramcontent.com/pod-product-compliance
Lightning Source LLC
Chambersburg PA
CBHW060645210326
41520CB00010B/1752